KB123073

백년의 인생
천년의 지혜

백년의 인생 천년의 지혜

지은이 · 예린홍 | **편역** · 박창수

펴낸이 · 오광수 외 1인 | **펴낸곳** · 새론북스

편집 · 김창숙, 박희진 | **마케팅** · 김진용

주소 · 서울시 용산구 백범로 90길 74, 대우이안 오피스텔 103동 1005호

TEL · (02) 3275-1339 | **FAX** · (02) 3275-1340 | **출판등록** · 제 2016-000037호

jinsungok@empal.com

초판 1쇄 인쇄일 · 2016년 10월 20일 | **초판 1쇄 발행일** · 2016년 10월 25일

ⓒ 새론북스
ISBN 978-89-93536-48-5 (03320)

누구나 따라할 수 있는 동양의 이솝우화, 우언고사 속에 담긴 삶의 지혜

백년의 인생
천년의 지혜

예린홍 지음 | 박창수 편역

새론북스

인성(人性)이라는 말은 '동물의 본능과 구별되는 인간의 본성'이라는 뜻을 포함한다. 그리고 인성은 인간의 행동을 지배하기 때문에 인성에 따라 행동도 달라지는 법이다. 따라서 성공하고 삶의 질을 높이고 싶다면 인성에 대한 이해가 필수적으로 전제되어야 한다.

미국의 저명한 인성학자는 "인성을 이해한 사람만이 승리에 자만하지 않고 실패에 굴복하지 않는 평상심을 유지할 수 있다."라고 말했다. 또한 인성의 본질을 탐구하는 것은 인간의 정복 본능에서 비롯되었고, 이는 복잡한 사회에서 힘들이지 않고 여유 있게 살아가는 생존 전략과도 같다.

그러나 인위적으로 포장된 인성은, 돋보이기 위해 부풀려진 장점과 감추기 위해 꾸며진 단점의 거짓된 면만을 부각시킨다. 때문에 인간이 자신의 본성을 정복하고 인생을 성공적으로 경영하려면 반드시 본성에

대한 이해가 필요하다.

우리가 관심을 가지고 모든 사물을 바라보면 그 어떤 것에서든 배울 점이 있게 마련이다. 특히 우언고사(寓言故事 중국에 전해져 내려오는 짧은 이야기로, 중국판 우화.)를 통해 우리는 인성에 대해 많은 것을 배우고 그 비밀을 풀 수 있다.

이 책은 심오한 이론을 논하기보다는 우언을 통해 인성의 거짓된 면을 밝히고 독자들에게 그 본질을 이해시키고자 한다. 다만 당장 어떤 식으로 독자들을 변화시키겠다는 것이 아니라 천천히 깊이 깨닫게 하고자 하는 것이다.

이 책을 통해 뜻한 대로 인생을 살아갈 수 있게 하는 삶의 지혜를, 행복을 추구하는 큰 힘을 얻기 바란다.

차례

뜻한 대로 살 수 있는 천 년의 지혜

제2부 행복은 마음먹은 대로 이루어진다

뜻한 대로 살 수 있는 천 년의 지혜

제3부 함께하는 삶이 성공한다

뜻한 대로 살 수 있는 천 년의 지혜

제4부 감사할 줄 아는 사람이 사랑한다

뜻한 대로 살 수 있는 천 년의 지혜

제1부

단순하게 사는 게 좋다

꿈은 실행으로 옮겨라
시련 속에서 배우고 희망을 찾아라
강함과 유연함을 잘 버무려라
자신 스스로를 알아야 한다
욕심을 자제하라
신념은 성공의 초석이다
나만의 것으로 승부하라
이성을 잃지 마라
분노와 충동은 스스로 삭혀라
기본 과정 노력 3박자를 맞춰라
거짓말이 인생을 망친다
돈의 노예는 되지 마라
황금 보기를 돌같이 하라
허영심은 허망함을 불러 온다
핑계는 영원한 실패다
자연의 순리를 존중하라

꿈은 실행으로 옮겨라

'할 수 있다고 생각하면 할 수 있고, 할 수 없다고 생각하면 할 수 없다.'

'자동차 왕'으로 불리는 미국의 자동차 회사 '포드'의 설립자 헨리 포드는 이렇게 말했다. 맞는 말이다. 꿈은 반드시 꾸어야 한다. 아이도 노인도 누구나 꿈을 꾸어야 한다. 다만 꿈은 꾸되 실현 가능한 것이어야 하며, 그 꿈을 향해 부단히 노력해야 한다. 그러면 꿈은 이루어진다. 이 때문에 우리는 꿈을 향해 열정을 불사르는 사람들을 응원하고 갈채를 보낸다.

캐나다의 여류작가 앨리스 먼로가 『행복한 그림자의 춤』으로 노벨문학상을 수상한 것은 2013년 그녀의 나이 82세가 된 해였다. 그가 60여 년이 넘도록 오랜 세월을 소설쓰기에만 몰두하면서 인생 전부를 바치기까지는 신념과 의지가 대단했기 때문이다. 어렸을 때부터 작가가 되기를 꿈꾸었던 앨리스 먼로는 이런 말을 했다.

"다른 재능이 없었기 때문에 이 일을 잘해낼 수 있었던 것 같다. 내가 이 일만큼 끌렸던 것은 없었고, 그러니 내 삶에는 다른 것이 끼어들 여지가 없었다."

겸손한 말처럼 들리지만 설마 그에게 다른 재능이 없었겠는가. 다만 자신이 잘하는 것 중에서 가장 좋아하는 한 가지만을 택했고 그리고 꾸준히 쉬지 않고 실행으로 옮겼다는 게 중요하다.

생쥐에게도 꿈이 있었다. 그래서 다른 동물들에게 말했다.

"여러분, 저는 아주 원대한 꿈이 있습니다. 에베레스트 산을 정복하고 세계의 지붕에 최초로 오른 생쥐가 되는 것입니다."

"하하하."

"히히히."

동물들은 웃음을 참을 수 없었다.

생쥐는 매우 불쾌했다.

"왜들 웃죠? 불가능하다는 뜻입니까? 언젠가 당신들은 에베레스트 산 정상에 서서 손을 흔드는 제 모습을 보게 될 것입니다."

그날 이후 생쥐는 늘상 턱을 괴고 에베레스트 산을 정복할 방법을 연구했다. 흰 구름은 하늘 끝에서 유유히 왔다가 에베레스트 산으로 유유히 떠났다. 생쥐는 흰 구름을 탈 수 있다면 에베레스트 산을 정복하는 것은 문제도 아니라고 생각했다. 그때 바람이 쌩 하고 불었다. 생쥐는 바람이 도와주기만 하면 자신의 꿈을 이룰 수 있다고 확신했다. 하늘 높이 걸려 있는 초승달은 마치 작은 배 같았다. 저 배를 탈 수만 있으면 얼마나 좋을까. 생쥐는 초승달 배를 타고 두 손으로 가볍게 노를 저으면 금방 에베레스트 산까지 갈 수 있을 것만 같았다.

생쥐는 이런저런 궁리만 하며 계속 생각에 잠겼다.

하지만 수염이 길게 자라 하얗게 될 때까지도 에베레스트 산에는 오르지 못했다.

"생쥐야, 왜 에베레스트 산에 오르지 않니?"

"생쥐야, 네가 에베레스트 산에 서서 손 흔들 날까지 기다릴게!"

"생쥐야, 언제쯤 네 꿈이 이루어질 것 같니?"

동물들은 생쥐를 만나면 꼭 이런 질문을 했고 생쥐는 얼굴을 붉히며 아무 대답도 하지 못했다.

그후 생쥐는 동물들을 만나기가 부끄러워 그들이 잠잘 때 몰래 나와 먹을거리를 찾게 되었다.

생쥐가 에베레스트 산에 오르지 못한 것은 당연하다. 생각만 하고 말만 할 뿐 행동에 옮기지 않았기 때문이다. 어떤 사람들은 헛된 공상을 하면서 장밋빛 인생을 꿈꾼다. 어떤 사업을 구상할 때 머릿속으로 그려보며 계획하는 일은 당연히 필요하다. 하지만 사업의 승패는 행동에 달려 있다. 행동이 있어야 현실적인 결과를 얻을 수 있다. 어떤 계획을 세우는 것은 현명한 일이며, 행동으로 옮기는 것은 더 현명하고 훌륭하다.

"백 마디 말보다 한 번의 행동이 낫다."는 말이 있다. 실천의 중요성을 강조하는 말이다. 성공의 열쇠는 화려한 말이 아니라 행동에 있다. 다시 말해서 훌륭한 말보다 실천이 중요하다는 얘기다. "공허한 말은 결과가 없고 구체적인 행동만이 나라를 부강하게 한다."는 말처럼 국가

나 기업, 개인에게도 이 말을 적용할 수 있다.

꿈이 없는 사람은 희망이 없다. 때문에 내일을 기다리는 즐거움을 모른다. 따라서 인생의 목표를 생각하고 단계적인 계획을 세우는 일은 누구에게나 중요하고 반드시 필요하다. 다만 성공하기 위해서 고민하고 전략을 세우는 일도 중요하지만 그보다 더 중요한 일은 행동에 옮기는 것이다. 구체적인 행동이 없다면 아무리 좋은 생각과 계획도 꿈으로 그치고 만다. 말만 하고 생각만 하고 행동하지 않는 것은 게을러서 그런 것이 아니라 실패가 두렵기 때문이다. 행동이 바로 자신을 독려하는 힘이며 게으름을 극복하는 가장 좋은 방법이라는 사실을 명심하자.

시련 속에서 배우고
희망을 찾아라

그리스 신화 속에서 인간 가운데 가장 교활한 인물로 유명한 시시포스는 신들의 체면을 몹시 손상시킨 죄로 사후에 지옥의 땅 타르타로스에서 언덕 위로 커다란 바윗돌을 밀어 올리는 가혹한 형벌을 받는다. 시시포스가 죽을 힘을 다해 겨우 바윗돌을 꼭대기까지 밀어 올리면 바윗돌은 다시 굴러 떨어졌다. 바위는 아무리 밀어 올려도 다시 굴러 떨어졌기 때문에 그는 이 일을 영원히 되풀이해야 했다. 신들은 이런 방법으로 시시포스를 벌하였고 그의 영혼을 괴롭혔다.

시시포스가 바윗돌을 산꼭대기로 밀어 올리고 있을 때 신들이 나타나 그를 저주했다.

"너는 영원히 성공하지 못할 것이다."

그는 바윗돌을 밀어 올릴 때마다 육체와 정신의 이중고를 견뎌내야 했기 때문에 너무나 힘이 들었다.

세월이 흐르고, 그는 신들에 맞서 싸우기로 결심했다. 바윗돌을 산꼭대기에 올려놓은 후 시시포스는 하늘을 향해 소리쳤다.

"고작 이런 일로 저는 쓰러지지 않습니다! 절대로 희망을 버리지는 않을 것입니다! 내일 또 바윗돌을 밀어 올릴 것입니다!"

결국 신들은 시시포스를 벌하는 것을 포기하고 그를 하늘로 불러들였다.

살다 보면 한 번쯤은 억울한 일도 당하고 시련도 겪는다. 그때마다 하늘을 원망하고 남을 탓하며 안절부절못하는 것은 아무런 도움도 안 된다. 우리는 뿌린 만큼 거둘 것이라는 진리를 믿고 하루하루 자신의 일에 최선을 다하며 운명의 도전을 받아들여야 한다.

심리학자들이 이런 실험을 한 적이 있다. 가진 것이라곤 레몬 한 개밖에 없을 때 사람들은 어떻게 대처하는지에 대해서다.

어떤 사람은 '이젠 모든 게 끝이야. 운명은 너무 불공평해. 기회라곤 주지도 않잖아.'라고 세상을 원망하며 자기 연민에 빠질 것이라고 말했다.

또 다른 사람은 자신이 이번 시련에서 무엇을 배울 수 있을지, 어떻게 하면 현재의 시련을 극복할 수 있을지, 어떻게 레몬을 가지고 주스를 만들지에 대해 생각하겠다고 말했다.

과연 어떤 타입의 사람이 현명한 걸까?

인생은 늘 평탄할 수만은 없기 때문에 누구나 좌절과 시련을 겪게 된다. 중요한 것은 어떻게 해야 시련 속에서 배우고 실패를 승리로 바꿀 수 있는가 하는 것이다. 그러기 위해서는 지혜가 필요하다. 시련에 처했을 때 결코 자신감을 잃어서는 안 된다. 우리는 스스로 '나는 세상에 둘도 없는 하나뿐인 존재이며 충분히 가치 있는 존재다.'라는 사실을 잊지 말아야 한다.

철학자 니체는 말했다. "현명한 사람은 보통 사람이 참지 못하는 것도 참을 수 있고, 도전을 즐길 줄 알아야 한다."고.

도전이 없으면 인생은 밑바닥과 정상 사이의 굴곡도 없으며, 정상에 서서 아래를 내려다보는 희열도 만끽하지 못할 것이다. 무슨 일이든 처음 시작할 때는 결과를 전혀 예측할 수 없고, 사회적으로 인정받을 수 있을지에 대해서는 더더욱 알 수 없기 때문에 때론 남들의 비웃음과 반대에 부딪치게 될지도 모른다. 성공의 열매만을 보고 그밖의 다른 것을 보지 못한다면 작은 고통과 외로움도 견뎌내지 못할 것이다. 반대로 서두르지 않고 착실하게 역경에 맞서나가다 보면 보다 큰 행복을 누리게 될 것이다.

시시포스가 보통 사람들이 참아내기 힘든 일을 인내하고 실패를 승리로 바꿀 수 있었던 것은 지혜에서 비롯된 신념과 자신감 덕분이었다. 시시포스의 성공은 우리에게, 생존경쟁에서 강한 자는 번성하고 약한 자는 도태된다는 점과 혹독한 시련을 겪지 않는 한 강한 자가 될 수 없다는 대자연의 법칙을 말해 준다.

겉으로 볼 때 생활 속의 모든 고난과 좌절은 우리를 억누르는 무거운 짐 같지만 결코 그렇지 않다. 그 속에도 희망은 숨 쉬고 있다. 포기하지 않고 앞으로 나아가면서 자신이 가진 생명의 힘을 단련하고 시련에 굴하지 않는다면 어제의 실패도 오늘의 희망을 꺾지는 못할 것이다. 햇

빛은 비 온 뒤에 더욱 찬란히 빛난다는 사실을 명심한다면 오늘의 힘든 삶을 살고 있을지라도 그것이 결코 내일의 고통이나 절망으로 이어지지 않을 것이다.

강함과 유연함을
잘 버무려라

'太剛則折(태강즉절)'!

너무 강하면 부러지기 쉽다는 말이다. 나무도 사람도 마냥 강하기만 하면 부러지기 쉽기 때문에 유연성이 필요하다는 것이다. 사회생활을 해본 사람이라면 한결 쉽게 와닿는 얘기다.

숲속의 갈대와 고무나무가 서로 자기가 더 강하다며 한 치의 양보도 없이 싸우고 있었다.

고무나무는 바람이 조금만 불어도 쓰러지는 갈대가 무슨 힘이 있느냐 며 비난했다.

마침 갈대가 반박하려 할 때 갑자기 강풍이 불어왔다. 갈대는 허리를 굽히고 바람에 몸을 맡겨 뿌리가 뽑히는 것을 막을 수 있었다.

하지만 바람에 꼿꼿이 맞선 고무나무는 뿌리째 뽑혀버렸다.

고무나무는 왜 쓰러진 것일까?

강풍에 맞설 용기는 있었지만 유연함이 없었기 때문이다. 그러나 갈대는 유연함이 있었기 때문에 화를 면할 수 있었다.

사람의 인성을 흑백 논리로 말하면 강함과 유연함 이 두 가지로 나뉘게 된다. 따라서 강함을 추구해야 하는가, 아니면 유연함을 지녀야 하는가는 모든 사람들에게 던져지는 화두이자 세상이 던져주는 성공 처세술의 미션 중 하나이기도 하다.

중국에서는 문화혁명 당시, 잘못된 정책으로 인해 많은 젊은 지식인들이 무고하게 목숨을 잃었다. 어떤 이들은 부당한 대우에 참지 못하고 자살이라는 극단적인 방법을 택했다.

하지만 똑같은 상황이지만 다른 모습을 보여준 이도 있다.

105세의 나이로 생을 마감한 중국의 대표적인 여류 작가 양장(楊絳). 중국 현대 문학계의 대문호이자 석학인 첸중수의 부인이기도 한 그녀는 문화혁명 당시 다른 지식인들처럼 부당한 대우와 갖은 핍박을 받았다. 그러나 항상 낙관적인 태도로 고통 속에서도 희망을 찾으려 했다. 역경 속에서 융통성과 유연함을 발휘하여 힘든 상황을 견뎌냈으며 당시의 삶을 소재로 한 우수한 작품을 많이 남겼다. 강인함과 유연성을 조화시키면서 역경의 시간을 견디어 낸 대표적인 인물로 불린다.

우리는 강함뿐만 아니라 유연함도 가져야 한다. 그래야만 어떤 환경에 처하더라도 꿋꿋하게 살아갈 수 있기 때문이다. 유연함은 누구나 가지고 있는 선천적인 것이지만 그것을 발휘하기 위해서는 후천적인 노력이 필요하다.

이를테면 밀가루 반죽과도 같은 논리다. 밀가루에 물을 넣고 몇 번 치대다 밀면 밀가루는 뭉쳐지지 않는다. 그러나 천 번, 만 번 계속 치대다 보면 밀가루에 점성이 생겨 쉽게 뭉친다.

인생을 살아갈 때도 생활 속에서 끊임없이 자신을 단련시켜야 삶의 유연함이 생겨 어떤 고통도 충분히 이겨내고 실패에도 좌절하지 않을 것이다.

현대사회의 경쟁이 갈수록 치열해짐에 따라 스트레스도 심해졌다. 끊임없이 증가하는 지식의 물결 속에서 도태되진 않을까 하는 두려움, 바쁜 생활로 교류와 소통이 단절되어 서로 간에 생긴 거리감, 정리해고 후 처자식과 부모를 부양해야 하는 스트레스 등이 우리를 힘들게 한다. 이런 것들을 견디지 못해 범죄를 저지르는 이도 있고, 자살로 현실을 도피하는 이도 있으며, 제멋대로 살아가는 이도 있다. 이런 비극이 생겨나는 이유는 바로 유연함과 인내심이 부족하기 때문이다. 실패와 고독, 시련과 충격을 견뎌낼 능력이 없다면 다른 능력이 아무리 강하고 훌륭하다 해도 여지없이 무너질 수밖에 없다.

어떤 사람들은 고난을 직시할 줄 알고 시련이 닥쳐도 금방 이겨내리라 믿으며 자신을 끝까지 부정하지 않는다. 그들은 자신의 충만한 생명력과 열정, 강한 의지를 믿고 다시 시작하는 마음으로 차근차근 목표를 실천하여 새로운 인생을 펼쳐나간다.

삶의 유연함은 어떤 도전도 극복할 수 있도록 도울 뿐 아니라 나약한 인생을 강하게 만든다.

'지극히 유연한 것은 유연한 것이 아니고 지극히 강한 것도 강한 것이 아니다.' 라는 말이 있다. 강인함과 유연함을 함께 갖출 때 삶의 모진 풍파를 견디며 다시 웃을 수 있다.

　이 때문일까? 최근 기업인이나 정치인들의 인터뷰 기사를 읽다 보면 '부드러운 카리스마' 라는 말이 단골처럼 등장한다. 강함과 유연함의 조화가 그만큼 중요하다는 얘기인 것이다.

자신 스스로를
알아야 한다

소크라테는 말했다.

"Know yourself." (너 자신을 알라)

성공하는 사람들의 공통점은 자기 자신을 가장 잘 알고 있는 것이라고 한다. 자신을 잘 알아야 자신의 장점과 단점을 발견할 수 있고 나아가 장점은 살리고 단점은 개선할 수 있기 때문에 목표하는 일을 추진함에 있어서 실수를 줄일 수 있고 자기 능력을 극대화할 수 있는 것이다.

반대로 실패하는 사람들은 근거 없이 자신을 과대평가하거나 폄하함으로써 스스로 삶의 고뇌만 늘게 할 뿐, 더 나은 발전으로 이어가질 못한다는 것이다.

가난한 농부가 갑자기 많은 돈을 벌었다. 그러자 그는 새 신발과 양말을 사서 신고 거나하게 술도 마실 수 있었다. 그날 술에 취해 집으로 돌아오다 그만 길에 넘어졌는데, 술기운을 이기지 못하고 그대로 잠들어 버렸다.

이때 마차 한 대가 다가왔다. 마부는 그에게 비키라고 소리쳤고 안 비키면 그냥 밟고 지나가겠다고 경고했다. 정신을 차린 농부는 자신의 발을 보았다. 그런데 새 양말과 멋진 신발이 신겨져 있는 게 아닌가. 평소 양말도 신지 않고 헌 신발만 신었던 그는 술김에 자기 발이 아님을 굳게 믿고 마부에게 말했다.

"내 발도 아닌데 그냥 밟고 지나가시오."

사람마다 이 이야기를 해석하고 이해하는 관점은 다를 수도 있지만 한 가지 명확한 교훈은 자기 자신마저 제대로 알지 못하는 사람은 돌이킬 수 없는 큰 실수와 실패를 경험할 수 있다는 것이다. 바꿔 말하면 '자신을 잘 알아야 한다'는 얘기다.

깨달음과 자기반성을 기초로 한 자의식은 아름다운 인생을 위한 필수 전제다. 문제는 우리는 종종 자신을 잘 이해하지 못한다는 것이다. 특히 보이지 않는 사고에 의해 지배될 때는 더욱 그렇다.

길 가는 사람 중에 아무나 붙잡고 '당신은 당신 자신을 알고 있습니까?'라고 물어본다면 대부분 '당연하죠.'라고 대답할 것이다. 계속해서 그들에게 '자신이 어떤 사람이라고 생각하십니까?'라고 묻는다면 대부분은 아주 실망스러운 답을 할 것이다.

사실 대부분의 사람들은 이 문제에 대해 생각해 본 적이 없으며 단지 스스로가 자신을 알고 있다고 여기는 것뿐이다.

반면, 어떤 사람들은 '아뇨. 전 제 자신을 잘 모르겠어요.'라고 말할 것이다. 그들에게 '당신은 왜 자신을 모른다고 생각하죠?'라고 묻는다면 그들 역시 대답하지 못할 것이다. 단지 그들은 자신을 아는 것이 쉽지 않다는 말을 들어본 적이 있어서 그렇게 답한 것이다.

사회적인 인식에 영향을 받아 자신을 관찰해 보지도 않고 자신을 모른다고 단정짓는 것은 자신을 안다고 생각하는 것보다 더 위험한 발상이다. 그들은 주체적으로 사고하지 않는 것이 버릇처럼 굳어져 타인의 생각에 지배받으며, 자아를 잃어버렸기 때문에 자신을 모른다고 단정짓는다.

자기 자신을 이해하는 일은 어려운 일이다. 그렇다고 자신을 결코 이해할 수 없다는 뜻은 아니다. 우리는 우리가 생각하는 것보다 타인과 자신을 훨씬 더 깊이 이해하고 있기 때문이다. 진짜 어려운 것은 현재의 자신에 대한 이해다. 자신을 정확히 인식하고 싶다면 우선 자신을 100% 이해하지 못한다는 점을 인정해야 한다.

자신의 내면세계를 직시하고 자아를 반성, 점검하고 객관적으로 자신의 능력을 평가해야 진정한 자아를 최대한 인식할 수 있다.

자신을 이해하는 쉬운 방법 중 하나는 경쟁자를 통해 자신을 이해하는 것이다. 어떤 면에서 경쟁자가 가까운 친구보다 더 솔직할 수 있다. 적어도 그들은 상대에게 잘 보이려고 상대의 약점을 눈감아주는 행동 따위는 하지 않기 때문이다. 자신이 보고 느낀 그대로 솔직하게 말할 것이다.

혹자는 자신을 인식하는 것이 아무 의미 없는 행위라고 생각할 수도 있지만 결코 그렇지 않다. 자신과 남을 기만하는 단점을 가지고 있는 사람들이 있다. 그들은 자신의 단점과 자신의 실패를 감추기 위해 이런 저런 이유와 핑계를 대기도 한다. 자신이 실제로 보여지는 것보다 뛰어나다고 여기며, 성공하지 못한 것은 운이 따르지 않아서라고 생각한다. 그런가하면 항상 자책하는 사람들은 자신 스스로를 아무것도 잘하는 게 없는 사람으로 평가한다.

욕심을 자제하라

명나라시절 고위관리를 지낸 여곤(呂坤)은 이런 말을 남겼다.

"사람들이 대중의 이익을 중시하면 천하가 태평하지만 사람들이 자신의 이익만 꾀하면 천하는 혼란스러워진다."

어언 반세기 전에 한 말이지만 적어도 이 말은 현대 사회에서도 약이 되는 소리임에 틀림이 없다. 개인의 사리사욕을 챙기는 사람들이 많으면 국가가 소란스러워지고 자기 자신보다 전체를 생각하고 욕심을 자제하는 사람들이 많아지면 세상은 아름답고 행복한 삶의 공간이 된다는 논리이기 때문이다. 이는 자본주의 속에서 개인주의 문화가 판을 치는 우리 현실의 단점을 꼬집어주는 얘기이기도 하다. 노블레스 오블리주를 실천해야 할 지도층들이 전체가 아닌 자신, 자기 가족, 자신의 회사, 자신이 소속된 정당의 이익만을 추구한 나머지 도덕적 해이의 주범으로 전락하는 일이 비일비재한 게 요즘 우리의 현실이다.

생쥐 세 마리의 이야기는 욕심이 어떤 결과를 불러오는지를 잘 보여주는 예다.

생쥐 세 마리가 작당하여 참기름을 훔쳐 먹기로 했다. 그들은 가까스로 참기름 통을 발견했는데 통은 너무 깊었고 기름도 조금밖에 남아 있지 않았다. 생쥐들은 참기름의 고소한 냄새만 맡아야 할 뿐 맛을 볼 수는 없었다. 참기름을 맛볼 수 없다는 고통이 그들을 힘들게 했다. 생쥐들은 궁리 끝에 서로의 꼬리를 잡고 내려가 차례로 참기름을 먹기로 했다. 운 좋게 제일 아래에 매달려 먼저 참기름을 맛보게 된 생쥐는 생각했다.

"참기름이 겨우 요것밖에 없는데 돌아가며 먹다간 오히려 감질나기만 할 거야. 오늘은 내가 운이 좋아 먼저 내려가게 됐으니 남 생각 말고 배불리 실컷 먹어야지."

중간에 있는 생쥐도 생각했다.

"바닥에는 참기름이 조금밖에 없는데 첫 번째 쥐가 다 먹어버리면 난 그저 남 좋은 일만 시키는 꼴이잖아? 중간에서 고생하며 그럴 순 없지! 그래, 첫 번째 쥐를 놓아버리고 나도 내려가 실컷 먹자."

맨 위쪽에 있던 쥐도 자신의 입장을 챙겼다.

"참기름이 조금밖에 안 남았는데 앞의 두 쥐가 먹고 나면 남는 게 있을까? 그럴 바에야 저놈들을 놓아버리고 나 혼자 내려가 실컷 먹는 게 낫겠어."

잠시 후, 중간에 있던 쥐가 인정사정없이 첫 번째 쥐의 꼬리를 놓아버렸고, 세 번째 쥐도 이에 뒤질세라 두 번째 쥐의 꼬리를 놓아버렸다. 그들은 차례로 바닥에 떨어져 온몸이 참기름 범벅이 되었으니 그 꼴이 볼 만했다. 게다가 바닥은 미끄럽고 통이 깊어 아무리 애를 써도 밖으로 나올 수 없었다. 남은 것은 처량한 그들의 울음소리뿐이었다.

짐승이든 사람이든 지나친 욕심은 자신의 삶은 물론이고 타인의 인생마저 망친다. 과욕은 이기심으로부터 비롯된다. 이기심은 인간의 본성으로, 태어나면서부터 가지고 있던 자아 보호의 연장이며 그것이 발전된 형태다.

육체에 존재하는 인성은 모두 이기적이며 긍정적인 관점에서 볼 때 이기심은 인류 경쟁의 기초이며, 경쟁은 의지를 낳고 사회 발전을 촉진시킨다고 한다. 그러나 사람들의 이기심은 대체적으로 자신의 쾌락 추구나 이익의 극대화로 표출된다. 현대 사회에서 이기적인 사람을 파행의 길을 걷는 사람으로 비난하는 이유가 바로 이 때문이다.

이기적인 사람들은 오직 어떻게 하면 자신의 이익을 더욱 극대화할 수 있을지 그것만 생각한다. 이기심은 인색함의 대명사다. 이기적인 사람들 중에는 양심과 동정심, 그리고 배려의 미덕이 없는 사람이 많다. 그들은 언제나 자기 일에만 신경 쓸 뿐 남들이야 어찌 되든 상관하지 않는다. 그래서 자기 자신만을 사랑하고 남을 사랑할 줄 모르는 사람들은 물질적으로는 풍요로울지 모르나 정신적으로는 궁핍하다. 게다가 그들은 이익에 대한 끝없는 욕망 때문에 타인의 이익을 가로채기 위해 수단과 방법을 가리지 않는다. 삶의 목적이 오직 부를 축적하고 삶을 즐기는 데 있다고 본다. 의무와 봉사는 도덕군자들의 이론일 뿐이고 남을 의식한 가식일 뿐이라고 생각한다.

따라서 이기적인 사람들은 언제나 자기중심적이고 이익을 최우선시한다. 이기적인 사람들의 인간관계 역시 돌멩이를 물에 던졌을 때 일어나는 물결의 파장처럼 자기중심적이다.

모든 사람이 이기적이고 남을 생각하지 않는다면 세상은 어떻게 될까. 서로 의심하고 원망하고 갈등하며 전쟁을 일으켜 인류는 결국 멸망하고 말 것이다. 위기의 순간에 적나라하게 드러나는 이기심은 소름 끼칠 만큼 무섭다. 선은 아무리 작더라도 반드시 행해야 하고 악은 아무리 작더라도 결코 행해서는 안 된다. 역지사지의 마음과 아량, 이해하는 마음으로 상대방의 입장에서 생각한다면 세상은 웃음이 넘쳐나고 좋은 일만 가득할 것이다. 특히 인간의 후천적인 노력, 즉 자기반성으로 일궈낸 희생정신과 봉사정신은 우리의 이기적인 본성을 억제할 것이다.

처세학 전문가들은 말한다. 욕심을 버리고 자신을 내려놓을 때 세상은 더욱 아름다워진다고. 즉 우리 모두가 각자 자신의 욕심을 줄이는 것이 세상을 깨끗하게 만들 수 있다는 것이다. 나이 들수록 욕심을 버리라는 의미에서 '내려놓고 살기'를 중요한 실천 덕목의 하나로 강조하는 이유도 다 이 때문인 것이다.

신념은 성공의 초석이다

어떤 목표나 일에 대해 굳게 믿는 마음, 즉 신념은 위대한 힘을 가지고 있다. 신념만 가지고 살 수는 없지만 신념이 없는 삶은 언제 쓰러질지 모르는 마치 허술하게 지은 집을 보는 듯하기 때문에 우리는 늘 신념을 갖고 살아야 한다.

살다 보면 누구나 시련과 좌절을 겪는다. 그때 굳은 신념이 없다면 냉혹한 현실 앞에서 고통과 슬픔으로 무너지게 된다. 그러나 굳은 신념이 있는 사람은 스스로 시련을 극복할 용기를 길러 시련이 닥쳐도 포기하지 않고 이겨낸다. 신념은 어떤 일에 자신이 있다는 생각이나 의식에 불과하지만, 이를 행동으로 실천한다면 신념의 매력과 가치를 충분히 구현해낼 수 있다.

개미 두 마리가 있었다. 그들은 친구의 시신을 들것에 실어 먼 곳으로 옮기고 있었다. 축축하게 젖은 숲 속 작은 길을 따라 힘을 합쳐 힘겹게 나아갈 때 개미들은 몇 번의 넘어질 고비를 넘기면서도 시신이 들것에서 떨어지지 않도록 애썼다.

개미들의 머릿속엔 오직 친구의 시신을 영원히 안식할 수 있는 곳으로 옮겨야겠다는 생각밖에 없었다. 작은 개미에게 이 일은 하늘을 오르는 것만큼이나 힘들었지만 굳은 신념이 있었기에 그들은 시신을 하늘과 가장 가까운 곳에 묻을 수 있었다.

중국 사람들은 분수를 모르는 사람을 개미에 빗대어 말하기도 하지만 우리는 개미를 통해 신념의 힘을 느낄 수 있다. 우리 주위에는 처음부터 행복한 삶을 누리는 사람들이 많다. 그러나 그들도 갑작스런 사고나 질병으로 인해 고통의 나락으로 떨어지기도 한다. 그런 상황에서는 평생의 장애나 한 치 앞도 알 수 없는 위태로운 생명이 그들을 기다릴 뿐이다. 이런 두려운 현실 앞에서 사람들은 몸부림칠 것이다. 그때 느끼는 극도의 공포는 그들의 생각을 왜곡시키고 삶의 참모습과 의미를 깨닫지 못하게 한다. 신념이 있는 사람은 다르다. 같은 불행에 처해도 냉정을 잃지 않고 신념의 힘을 통해 적극적으로 자신을 발전시키고 꿈을 실현해 나간다.

처세철학과 인간관계론의 대부였던 데일 카네기는 농장에서 농부의 아들로 태어난 후 교사, 세일즈맨 등으로 사회생활을 하면서 수많은 실패를 경험한다. 그후 그는 대화 및 연설 기술을 강연하면서 성공처세학의 전문가가 되었다.

데일 카네기는 성공에 대해 이런 말을 했다.

"모든 기적에는 시종일관 변치 않는 신념이 있으며, 자신의 신념을 굳게 믿고 그것을 더욱 굳건히 하는 것이 성공으로 나아가는 지름길이다."

평상심을 갖고 신념에 따라 최선을 다한다면 성공은 반드시 이룰 수 있다는 것이다. 때문에 아무리 혼란스러운 상황이라도 마음속에 항상 꺼지지 않는 불꽃을 간직하고 있어야 한다고 했다.

고난과 역경 속에서도 무언가를 이루고 세상 사람들의 성공 모델로 등장하는 대다수의 사람들의 공통분모를 찾는다면 그것은 '할 수 있다' 는 것, 즉 'Can do' 정신을 갖고 열정적으로 살았다는 공통분모를 지녔다.

신념과 이성, 열정과 침착함을 갖고 삶을 살아가는 자세는 매우 중요하다. 신념이 없으면 비바람에 쉽게 꺾이고 뜨거운 햇살마저 이겨내지 못하는 병약한 식물과 같은 삶을 살게 된다. 신념이 강한 사람은 다르다. 아무리 큰 시련과 고통이 닥쳐도 절망하거나 포기하지 않는다. 그리고 언젠가는 자신이 정한 목표를 달성하게 된다.

나만의 것으로 승부하라

'모방은 창조의 어머니다.' 라는 말이 있다. 성공을 말할 때 **빼놓지** 않고 등장하는 말이다. 언제부터인가 이 '모방'이 '벤치마킹(benchmarking)' 이라는 경제용어로 대체되기 시작했다. 기업이 풍부한 경험 없이 좋은 결과물을 얻어내기란 쉽지 않은 만큼 제품을 만드는 기업들이 먼저 나온 기존의 제품을 모방하는 것은 오래전부터 지속되어온 트렌드다. 현대에 이르러서는 모방이 보편적인 정서이다. 벤치마킹은 기업이 생산성을 높이기 위해 경쟁 회사의 장점을 배워서 응용하는 전략이며, 전문가들은 벤치마킹이 성공하려면 최종적으로 자기 회사의 상황에 맞게 벤치마킹에서 얻은 원리를 수정해 접목하는 것이 중요하다고 한다.

'국가와 문화의 경계가 흐려진 요즘 들어서는 벤치마킹이 더 이상 경영 분야의 전유물은 아니다. 제품 디자인이나 기업경영은 물론이고 인물에 대한 벤치마킹이 분야를 막론하고 성공을 위한 필수 과정으로 자리잡아가고 있다.

더욱이 최근에 와서는 각 분야에서 성공한 인물들에 대한 책들이 쏟아져 나오면서 학생이든 기업인이든 자신이 꿈꾸는 성공을 위해 유명 성공인을 자신의 벤치마킹 대상으로 꼽는다.

이를테면 누군가를 인생의 '롤모델'로 정하고 따라잡기를 감행한다. 아주 특별한 능력이 있어서 독특한 방식으로 자신만의 성공인생을 창조한다면 몰라도 먼저 성공한 누군가의 삶의 방식을 본보기 삼는다는 것은 나름대로 좋은 방법이다. 다만 단순한 벤치마킹을 할 것인가 아니면 벤치마킹을 통해 자신만의 특별한 길을 만들어낼 것인가를 생각해 볼 필요가 있다.

피겨 스타 김연아는 피겨스케이팅을 하는 얼음판의 꿈나무들에게 성공 롤모델이다. 그녀의 기술과 점프 표현력은 피겨에 필요한 모든 요소로서 완벽에 가까워 이른바 '토털패키지'라는 말로 통한다. 특히 그녀의 트리플 콤비네이션 점프는 누구도 쉽게 흉내 내지 못하는 점프로 통한다. 지금도 여전히 그녀의 피겨는 얼음판 위의 히로인으로서 세계 최고로 불린다.

앞으로 10년 후로 미리 가서 생각해 보자. 동계올림픽이나 세계선수권대회에서 그녀의 기술과 점프 표현력을 그대로 빼닮아 금메달을 차지하는 포스트 김연아가 나온다면 또 그녀가 한국인이라면 더없이 반가운 일이다. 하지만 포스트 김연아가 김연아의 모든 것을 아주 잘 벤치마킹한다는 것 자체가 쉽지 않은 일이고, 그것만으로도 높이 평가할 일이지만 진정한 성공은 아니라는 평가가 나올 수도 있다. 이유는 독창성, 즉 차별화된 그 무언가가 없기 때문이다. 다름 아닌 자신만의 독특한 창의적인 요소가 있어야만 차별화된 성공으로 더 높이 평가받으며 성공무대에 올라서는 시간도 더 빠를 수 있을 것이다.

벤치마킹이 그저 단순한 벤치마킹에서 끝나면 그것은 한마디로 싱거운 일이다. 롤모델이 되는 누군가를 벤치마킹하되 자신만의 창의적인 요소를 하나 더 만들어 놓을 때 그야말로 멋진 성공이 된다.

학생들과 젊은 여성들 중에는 국제구호활동가이자 작가인 한비야를 성공 롤모델로 삼는 이들이 적지 않다. 오죽하면 딸 가진 엄마들 중에는 자신의 딸이 한비야처럼 살수만 있다면 결혼하지 않아도 된다는 말을 하는 이들이 적지 않다는 얘기를 들은 적이 있다. 한비야가 많은 사람들의 롤모델이 된 1990년대만 해도 국내에는 그녀 같은 여성 오지여행가가 드물었고 또 자신의 경험을 직접 책으로 써서 호응을 얻을 만큼 문장력을 갖춘 이들도 흔치 않았기 때문이다. 게다가 결혼이나 부와 명예보다는 먼 나라의 굶고 헐벗은 아이들과 사람들을 위한 구호활동에 발벗고 나섰다는 것이 그녀를 열정으로 당당하게 자신의 역할을 찾아나서는 흔치 않은 여성으로 부각시켜준 것이다. 이런 한비야를 롤모델로 삼았기에 그녀와 비슷한 길을 걸으면서 자신의 성공을 만들어가려는 사람이 많다는 것은 박수쳐줄 일이지만 한비야가 아닌 자신으로서 진정한 성공을 꿈꾼다면 한비야와는 또 다른 면모를 보여줄 수 있어야 한다.

그렇다면 이쯤에서 역발상의 벤치마킹을 생각해 볼 필요가 있다. 어떤 학자는 성공 사례를 벤치마킹하는 것도 좋지만 실패한 사례를 통해 성공 노하우를 찾아보는 벤치마킹도 필요하다고 말한다. 성공 사례의 벤치마킹에만 집착하는 것은 그만큼 실패에 무지하다는 반증이기 때문이다.

성공을 하더라도 자신만의 독특한 무기로 성공하고 싶다면 벤치마킹도 단순한 성공 인물 사례 벤치마킹에서 끝날 일이 아니고 한 수 더 위인 벤치마킹 전략을 세워보자. 실패한 사람들은 왜 실패했는지 그에 대한 문제점도 분석해 보고 자신만의 창의력을 보태는 것이다. 성공노하우와 실패요인 두 가지를 두루 알게 되고 여기에 남다른 차별화까지 업고 갈 수 있다면 이것이야말로 보다 안정적이면서도 주목받기 충분한 성공지름길이 아니겠는가.

이성을 잃지 마라

"감정 앞세우지 말고 이성적으로 대화를 풀어가라고. 너처럼 자기 감정에 못 이겨서 이성을 잃으면 결국은 상대에게 단점만 크게 보여주면서 정작 말하고자 하는 핵심 내용을 제대로 전달할 수 없거든."

함께 있던 지인이나 친구가 다른 사람과 대화를 나누던 중 말싸움으로 이어졌을 때 이 같은 조언을 해준 기억이 있을 것이다. 성격이 급하고 화를 잘 내는 사람은 이성보다는 감정을 앞세워 일을 그르치는 경우가 종종 발생한다. 이는 셀프컨트롤이 약하기 때문이다.

사냥꾼에게 잡힌 사자 한 마리가 있었다. 그가 우리 속에 갇혀서 왔다 갔다 하고 있을 때 모기 한 마리가 날아와 물었다.

"거기서 뭐하세요?"

"도망갈 방법을 생각하고 있는 중이야."

하지만 도망갈 방법을 찾지 못한 사자는 누워서 쉬다가 다시 일어나 서성거렸다.

"사자 대왕님, 지금은 또 뭘 생각하시는 거죠?"

모기가 묻자 사자는 도망갈 방법을 못 찾았으니 누워 쉬면서 기회를 기다리는 중이라고 대답했다.

그러나 사자를 기다리는 것은 도망갈 기회가 아니라 죽음이었다. 사냥꾼이 사자를 죽여 그 가죽을 내다팔려고 했기 때문이다.

모기가 사자에게 말했다.

"사냥꾼이 대왕님을 죽이려 한다는 사실은 알고 계시죠?"

"알고 있어! 그가 뭘 하는지, 무슨 생각을 하는지 다 안다고!"

사자는 희망이 없는 상황에서도 이성을 잃지 않으려고 노력했던 것이다. 침착함이 사자를 우리에서 구해 주지는 않았지만, 이성을 잃지 않았기 때문에 불필요한 걱정과 고민을 덜 수 있었던 것이다.

살다보면 우리는 불의의 사고와 시련을 겪게 된다. 이때 어떤 사람들은 태연하게 대처하며 항상 침착함과 웃음을 잃지 않는다. 그러나 또 다른 사람들은 작은 시련도 견디지 못하고 좌절한 채 어리석은 행동을 한다. 똑같은 상황인데도 왜 사람마다 반응이 다른지를 살펴보면, 한쪽은 이성을 잃었고, 다른 한쪽은 이성을 잃지 않으려고 노력했기 때문이다.

이성적인 상태에서는 환경의 변화를 이해하고 원인을 파악할 수 있다. 어떤 상황에서도 당황하지 말고 마음을 침착하게 가라앉히고 다음에 취할 행동을 생각하라. 그러면 행동의 결과와 그 의미를 파악하게 될 것이다. 이성적인 마음은 자신을 옭아매는 두려움과 고민이 자신의 느낌과 상상에 불과하며 실제 상황은 자신이 상상하는 것보다는 훨씬 낮다는 사실을 깨닫게 해준다. 따라서 어떤 긴급한 상황이나 위기 발생 시 이성적으로 대처할 경우 문제를 해결할 수 있는 돌파구를 한결 쉽게 찾게 된다. 설령 자신이 아무것도 바꾸지 못한다 하더라도 이성적으로 사고해야 한다.

이성적인 상태를 유지하는 일은 결코 쉽지 않다. 그러나 좋지 않은 일이 이미 벌어졌다 할지라도 이성을 잃지 않는다면 초조하지도 않고 불안하지도 않으며 오히려 마음의 평정으로 합리적인 선택과 판단을 할 수 있다. 위기나 곤경에 처했을 때 분노, 공포, 질투, 원망으로 자신의 감정을 조절하지 못해 이성을 잃는다면 이는 자신의 부족함이나 무지함을 보여주는 일이나 다름없다. 그 결과는 자신의 손해로 이어질 것이다.

분노와 충동은
스스로 삭혀라

어느 지역에서 현지 감옥에 수감돼 있는 죄수들을 상대로 조사를 실시했는데 놀라운 결과가 나왔다. 죄수들 가운데 90%가 일시적인 충동 때문에 죄를 저질렀다는 것이다.

임금에게는 충성스런 애견 한 마리가 있었다. 어느날 임금이 산책을 하고 돌아왔는데 애견의 입가에 피가 묻어 있는 게 아닌가. 개는 온몸이 피투성이가 되어 미친 듯이 짖어댔다. 너무 놀란 임금은 애견을 끌고 갓 태어난 아기의 침실로 갔다. 그런데 침실에는 피 묻은 요람만 있을 뿐 아기는 어디에도 없었다. 신경질적으로 짖어대는 애견의 입가에선 아직도 핏방울이 뚝뚝 떨어지고 있었다. 임금은 개가 아기를 죽인 것이라고 확신했고, 너무도 화가 나 그 자리에서 애견을 칼로 찔러 죽였다. 이때 어디선가 갓난아기의 울음소리가 들렸다. 울음소리가 나는 곳으로 가보니 아기는 다른 방 구석에 눕혀져 있었고, 그 옆엔 피투성이가 된 늑대 한 마리가 죽은 채 누워 있었다. 임금은 아기를 보고 나서 모든 걸 깨달았지만 때는 이미 늦었다. 애견은 아기를 보호하려고 늑대와 필사적으로 싸웠는데, 임금은 그것도 모르고 일시적인 충동에 못 이겨 애견을 죽여버린 것이다.

최근 우리 사회도 순간의 분노나 충동을 조절하지 못해 발생하는 충동범죄가 늘고 있다. 우발적 범죄 비율은 해마다 늘고 있으며 충동범죄의 가능성을 갖고 있는 분노조절장애 환자 수 또한 크게 증가하고 있는 추세다. 그렇다면 사람들은 왜 충동적인 행동을 했을까?

충동은 주변의 어떤 자극 때문에 나타나는 과격한 행위다. 우리는 일이 뜻대로 풀리지 않을 때 이런 과격한 행위를 한다. 하지만 그런 과격한 정서를 그대로 내버려둬서는 안 된다. 감정적 행위인 충동은 엄청난 힘을 지니고 있어 그 힘에 지배당하면 우리는 이성과 냉정을 잃고, 감정이 시키는 대로 혹은 기분 내키는 대로 행동한다.

충동적인 사람은 강한 사람이 아니다. 충동은 의지와 자제력의 부족을 의미하며, 이성적이고 지혜로운 사고를 방해하는 훼방꾼이다. 모든 사람에겐 감정적인 정서가 있지만 누구나 마음 내키는 대로 한다면 세상은 그야말로 혼란스러워질 것이다. 우리는 자극과 위기 앞에서 끓어오르는 분노를 최대한 자제하고 냉정을 유지하며 이성적으로 일의 전후 관계를 분석하여 진심으로 자신을 돌아볼 줄 알아야 한다. 전문가들은 최근 우리 사회에서 증가하고 있는 충동범죄와 분노조절장애 환자 수 급증에 대해 가정이나 학교에서 감정 조절에 대한 교육이 전혀 없는 것을 가장 큰 문제점으로 지적한다. 또 높아가는 실업률이나 빈부격차 등에 따른 사회적 박탈감이 분노로 표출돼 충동범죄로 이어질 가능성이 높다는 것을 지적한다.

충동적인 행위로 인한 결과는 결국 자기 파멸만을 가져온다. 일시적인 충동 때문에, 우리는 문제를 해결할 좋은 기회를 놓치거나 엄청난 대가를 치를 수도 있다. 충동 때문에 친구, 고객, 일자리, 심지어 가정과 생명까지도 잃을 수 있다. 나약한 정신력, 이기주의의 심화, 사회적 박탈감 등등 충동적인 행위를 유발하는 원인이 그 어떤 것일지라도 결과에 대한 책임은 당사자에게 있다. 경솔하고 근시안적이며 과격하고 민감한 행동은 결코 용서받을 수 없고 되돌릴 수 없는 화를 불러오는 것이다.

자기 스스로를 다스리는 힘이 필요하다. 설령 현실 속 많은 문제들이 충동적인 행위를 자극하고 부추긴다고 할지라도 스스로 감정을 억제하고 부정적인 생각보다는 긍정적인 사고를 유지하려는 노력이 필수다. 특히 자기 성찰은 매우 중요하다. 다른 사람이 신뢰할 수 있는 행동을 했는지, 자신에 대한 기대치가 너무 높지는 않았는지, 일의 결과를 고려했는지 등을 되돌아봐야만 잘못된 판단을 하지 않고 평생 후회할 행동도 하지 않게 된다.

기본, 과정, 노력, 3박자를 맞춰라

　발명가인 토마스 에디슨은 '천재는 1%의 영감과 99%의 노력으로 만들어진다.'고 말했다. 시대를 막론하고 위대한 업적을 남긴 사람들의 인생을 추적해 보면 하나같이 남다른 노력을 기울인 결과 성공이라는 카드를 거머쥐었다는 것을 알 수 있다.

　어느날 갑자기 로또 하나로 부자가 되는 일이란 극히 드문 일이며 설령 그런 행운을 얻는다 할지라도 땀 흘려 얻은 대가가 아니기 때문에 한 순간에 얻어진 부는 눈 녹듯이 쉽게 사라질 수도 있다.

　옛날에 악필인 소년이 있었다. 하루는 서예 대가가 지나가는 것을 보고 소년은 스승으로 모실 테니 글씨 쓰는 법을 가르쳐달라고 간곡히 청했다. 대가는 흔쾌히 가르쳐주겠다고 약속하면서 반드시 자신의 비싼 종이로 연습할 것을 부탁했고, 종이를 주면서 먼저 몇 자 적어 보여달라고 했다. 소년은 비싼 종이를 아주 소중히 다루었는데 너무 아까워 함부로 글을 쓸 수가 없었다. 그래서 소년은 우선 어떻게 하면 글을 잘 쓸 수 있을지를 생각하며 손가락으로 수차례 연습한 후에 종이에 적었다. 종이에 쓴 글씨는 지금까지 소년이 썼던 그 어떤 글씨보다 잘 쓴 것이었다. 글씨를 본 대가는 소년에게 사실 자신이 준 종이는 다른 종이와 다를 바 없는 평범한 종이였다고 말했다.

같은 종이, 같은 붓이었는데 어떻게 글씨체가 달라졌을까? 정답은 간단하다. 소년의 마음가짐이 달라졌기 때문이다. 종이가 비싸다는 말에 신중하게 글씨를 썼기 때문에 소년의 글씨는 이전보다 훨씬 나아졌던 것이다.

열심히 일을 하는데 성공하지 못하고 있다면 자신을 되돌아보라. 맡은 바 임무에 최선을 다하고 있는지 아니면 대충대충 하고 있는지를 확인하는 가운데 그 해답을 얻을 수 있다.

현대사회는 각종 사고가 생겨난다. 특히 후진국이나 개발도상국일수록 기본이나 기초가 탄탄하지 못해 일어나는 사고가 많은 편이다. 이를테면 늘어만 가는 음주 운전 사고, 낙성식을 하루 남겨두고 무너진 교각, 폭죽 공장의 갑작스러운 폭발 사고, 누전으로 인한 공장 화재 등등. 이런 사고들은 엄청난 경제적 손실일 뿐만 아니라 다른 부정적인 영향도 초래한다. 중요한 것은 기초가 튼튼하고 작업과정이나 관리에서 철저한 노력을 기울였다면 발생하지 않았을 것이라는 데 있다.

엄숙하고 근면하기로 소문난 독일인들의 생활상을 들여다보자. 그들은 요리를 할 때 저울로 소금의 양을 맞춘다. 혹자는 이를 보고 비웃을

지도 모른다. 하지만 우리는 여기서 독일인들의 진지한 생활 태도를 발견해야 한다. 독일에는 낚시를 할 때 작은 물고기를 낚으면 반드시 놓아주어야 하는 법이 있다. 어른뿐만 아니라 어린아이 모두 이것을 잘 지킨다. 또 독일의 어른들에게는 어린아이를 감독하고 지도할 책임과 의무가 있어 어린아이가 법을 어기고 작은 물고기를 놓아주지 않는 것을 보았을 때 비록 자신이 모르는 아이일지라도 그 자리에서 바르게 행동하도록 가르친다고 한다. 그들은 모든 일상적인 도덕규범 역시 잘 지키며 열심히 일한다. 이 때문에 독일인들은 기본에 충실하고 생활력이 강하다는 이미지가 부각돼 있다. 전후 독일이 빨리 발전할 수 있었고 오늘날 독일과 독일 제품이 세계의 주목과 신뢰를 받을 수 있었던 것도 바로 이 같은 노력의 힘이었다.

한국을 바라보는 외국인들의 시선 중 꼬집듯이 말하는 한 가지는 다름 아닌 한국인들은 '빨리빨리'라는 문화에 익숙해져 있다는 것이다. 급하게 서두르면서 무엇이든 빨리 일구어내고자 하는 것이 성실과 부지런함이라고 말할 수는 없다. 세상에 불가능한 일은 없다. 다만 기본을 지키면서 과정을 중시하고 열심히 노력할 때 성공은 한결 가까이 다가올 것이다.

거짓말이 인생을 망친다

'뿌린 대로 거둔다.'는 말이 있다. 진실과 거짓은 서로 상반된 언어로서 이 속담의 결과를 가장 극명하게 보여주는 언어이기도 하다. 거짓말과 거짓된 행동은 나쁜 것이기에 진실하게 살아야 한다는 것을 어린 시절부터 어른이 될 때까지 우리는 수없이 많이 들어왔고 또 입버릇처럼 자녀들에게 말하곤 한다. 그럼에도 불구하고 거짓말이나 속임수를 반복하는 사람들이 있다. 거짓은 거짓된 인생을 낳고 그 거짓된 인생은 실패한 인생으로 가는 지름길이나 다름없다. 굳이 양치기 소년의 이야기를 예를 들지 않더라도 거짓말과 속임수로 인해 무너지는 사람들을 종종 볼 수 있다.

중년이 된 A는 어느날 고등학교 동창모임에 나갔다가 큰 실수를 범하고 말았다. 한때 대기업 연구소에 다녔던 그는 구조조정으로 직장을 잃고 몇 년째 백수생활을 하고 있던 중이었다.

하지만 친구들이 명함을 건넬 때마다 마땅히 건넬 명함이 없었던 그는 회사를 그만두고 건축자재 도매업을 하는데 명함을 갖고 오지 않았다면서 거짓말을 했다. 몇 달 후 다시 동창회에 참석한 A는 지난번에 한 거짓말을 사실처럼 만들고자 있지도 않은 유령회사 명함을 만들어 동창들에게 돌렸다. 하지만 거짓말은 오래 가지 못했다.

하필이면 동창생 중 한 명이 실제로 건축자재를 생산하는 회사를 운영하고 있었고 제품 판로를 위해 A를 찾는 과정에서 결국 A의 명함에 인쇄된 ○○회사는 아예 존재하지 않는 회사로 드러났다. '발 없는 소문이 천리 간다.'는 말처럼 순식간에 그는 동창생들에게 멀리해야 할 사람으로 낙인찍히고 말았다.

거짓말은 사람들이 자주 범하는 나쁜 습관이지만 사는 동안 거짓말을 단 한 번도 해보지 않은 사람은 없을 것이다. 선의의 거짓말이든 한 순간 실수에 의해 나온 거짓말이든 거짓말로부터 완벽한 사람은 드물다. 다만 사람들은 거짓말을 반복하지 않으려는 노력을 했을 것이다.

거짓말이 위험한 이유는 습관화된다는 데 있다. 거짓말을 입버릇처럼 자연스럽게 하는 사람들은 자신도 모르게 거짓말에 길들여진다. 거짓은 거짓을 낳고 그 거짓은 또 다른 거짓으로 이어지면서 결국에는 파멸을 불러온다.

거짓말에 길들여진 사람들은 거짓말을 통해서 얻는 단기적인 이익만 중시하기 때문에 거짓말과 속임수를 명예와 행복을 얻는 최고의 수단이라고 생각한다. 한 순간의 기쁨 뒤에 열 배, 백 배, 심지어 천 배에 달하는 대가를 치러야 한다는 사실을 모르고 있다는 것이 안타까울 뿐이다.

거짓말은 여러 가지 동기에서 비롯된다. 예를 들어 양치기소년같이 처음에는 몰라서 그랬지만 나중에는 심심해서 장난을 친 것처럼 말이다. 보통 사람들이 거짓말하는 이유는 자신의 이익 때문에 혹은 책임을 전가하거나 현실을 도피하기 위해서다. 하지만 거짓말로 남을 속이고 나면 당신은 곧 상대방의 신뢰를 잃게 될 것이다. 자신의 사기 행각이 드러나 평생 성공하지 못하는 사람, 거짓말하는 습관이 몸에 배어 삶 자체가 암담해진 사람, 사기가 버릇이 되어서 친구와 타인의 신뢰를 잃은 사람 등 기회, 능력, 신뢰를 잃어서 생긴 손실은 결코 숫자로 계산할 수 없다.

속임수가 사람의 인격을 왜곡시키고 자존감과 자신감마저 잃게 할 수 있다는 사실은 아주 끔찍하다. 다시 말해 거짓말이 습관화되면 자신감과 행동 원칙을 잃게 된다.

사람만이 아니다. 현대사회에서는 허위광고나 소비자 문제를 불러일으키는 불량 제품을 만든 기업들이 한순간에 추락하는 일도 심심찮게 나타난다. 광고는 화려한데 막상 뚜껑을 열어보면 포장만 그럴듯하고 실속없는 제품인 경우가 그 흔한 예다. 더러는 CEO나 간부가 잘못이나 실수를 저지른 후 한순간 입막음용으로 거짓말을 한 후 그 뒷감당을 못하는 경우도 있다.

특히 기업의 경우 거짓은 곧 모든 소비자들에 대한 불신으로 이어지면서 매출 하락으로 인한 존폐 위기로까지 이어진다는 것이다.

거짓말과 속임수 같은 잔기술로 행복을 얻으려는 헛된 망상을 품고 있다면 그것은 곧 스스로를 파멸로 몰고 간다는 것을 명심해야 한다. 모든 거짓말에는 공통점이 있다. 그것은 바로 스스로 멈추지 못할 경우 그에 상응하는 대가를 치러야 한다는 사실이다.

돈의 노예는 되지 마라

자본주의 사회에서 돈은 생존을 위한 필수요소다. 사람마다 생각이나 생활방식이 다르기 때문에 돈을 얼마만큼 벌어야 하고 얼마만큼의 돈을 갖고 있어야 한다는 기준은 없다. 다만 분명한 것은 반드시 돈이 많다고 해서 행복한 것은 아니라는 것이다.

과거에 비해 물질만능주의로 변한 현대 사회에서는 적지 않은 사람들이 자신의 가난을 원망하며 어떻게 하면 돈을 벌 수 있을지를 고민하기도 한다. 그러나 돈에 집착하면 욕심이 생겨 더 많이 가지려 하고, 돈만 좇다 보면 건강과 마음의 평정을 잃게 된다. 때문에 돈과 부에 대한 가치관이 뚜렷하지 않은 사람일수록 돈에 이끌려가는 노예로 전락할 우려가 다분한 게 현실이다.

자신은 운이 없어서 재산을 모을 수 없다며 매일같이 울상을 짓고 사는 젊은이가 있었다. 하루는 한 노인이 젊은이의 근심 어린 표정을 보고 왜 그렇게 기분이 안 좋은지 물었다.

그러자 젊은이가 대답했다.

"저는 왜 이렇게 가난한지 모르겠어요."

"가난하다고? 내 눈엔 자네가 부자로 보이는데."

노인은 진심 어린 말투로 이야기했다.

"왜 그렇게 생각하시죠?"

젊은이는 이해가 안 간다는 듯 물었다. 하지만 노인은 대답은 않고 되물었다.

"내가 오늘 자네의 손가락 하나를 부러뜨리는 대가로 천만 원을 준다면 그리 하겠는가?"

"싫습니다."

"내가 자네의 한 손을 부러뜨리고 1억 원을 준다면 그렇게 하겠는가?"

"싫습니다."

"자네가 지금 당장 팔십 세 노인이 되겠다면 10억 원을 주지. 어때?"

"싫습니다."

"자네가 당장 죽는다면 백억 원을 줄 생각인데?"

"싫다고요."

"이보게 젊은이! 그렇다면 자네는 이미 백억 원이 넘는 돈을 가지고 있는 셈이지 않나?"

노인은 그 말을 남긴 채 웃으며 떠났다.

그제야 무언가를 깨달은 젊은이는 더 이상 불평을 늘어놓지 않았다.

돈과 부에 대해 우리는 건전한 마음과 정확한 인식을 가져야 한다. 그렇지 않으면 아무리 돈이 많아도 행복하지 않을 것이고 돈을 어떻게 써야 할지 모를 것이다. 돈은 누구에게나 소중하다. 돈이 있으면 더 나은 삶을 살 수 있고, 더 많은 행동의 자유를 누릴 수 있으며, 자신이 하고 싶은 일도 할 수 있다. 그렇다고 돈에 너무 집착해서는 안 된다. 돈에 한번 눈이 멀면 돈의 노예가 되어 삶의 방향을 잃기 때문이다. 돈에 집착하게 되면 좀더 나은 삶을 보장하는 수단이었던 돈이 목적으로 변해 추한 삶을 살게 된다. 돈이 사랑, 신뢰, 가정, 건강, 행복보다 우선시되면 인간의 영혼은 피폐해지고 사고는 둔해져 이성적인 사람은 미치게 되고, 지혜롭던 사람은 어리석게 변한다. 따라서 우리는 반드시 돈을 직시할 줄 알아야 한다. 돈의 노예가 되지 않는 사람만이 행복을 누릴 수 있다.

영국의 한 갑부는 돈이 많았지만 결코 돈에 현혹되지 않았다고 한다. 그는 사는 동안 돈에 집착하다 인생을 망친 사람을 여럿 보았기 때문이다. 다섯 명의 자식이 있었지만 그는 자신의 재산 130만 파운드를 교회와 아동복지사업에 바치겠다는 유언을 남겼다. 자식들에게는 한 푼도 남기지 않고 32명의 손자와 증손자에게만 오천 파운드씩을 물려주었는데, 이유는 그들이 자신을 기억해 주길 바랐기 때문이다. 그녀는 유언장에 이렇게 썼다.

"나는 내 가족을 사랑한다. 하지만 재산을 상속하면 내 가족에게 불행을 가져다줄 것이다. 난 자식들에게 재산을 남겨주고 싶지 않다. 내가 살아 있는 동안 그들은 이미 많은 부를 누렸고 최고의 교육을 받았기 때문이다. 그들이 내 뜻을 이해해 주길 바란다."

돈이 없으면 아무것도 할 수 없지만 그렇다고 해서 돈이 인생의 전부는 아닌 것이다. 진정으로 삶을 즐기고 싶다면 돈을 부려야지 돈의 노예가 되어서는 안 된다. 우리 속담에 '돈은 개같이 벌어 정승같이 쓰라.' 고 하지 않았던가.

황금 보기를 돌같이 하라

인간이 스스로를 망하게 하는 가장 큰 실수는 다름 아닌 탐욕이다. 동서고금을 막론하고 욕심을 자제하지 못한 사람들은 불을 보듯 뻔한 좋지 않은 결과를 초래했다. '황금 보기를 돌같이 하라.'는 말처럼 스스로 욕망을 자제하고, 자족하는 법을 배우지 않으면 안 된다.

욕심 많은 거지가 있었다. 게으르면서 부자가 되기를 상상하던 거지는 늘 불평불만을 늘어놓았다. 마침 근사하게 멋을 낸 신사가 호텔로 들어가는 모습을 바라보던 거지가 이렇게 불만을 터뜨렸다.

"세상은 너무 불공평하단 말이야. 누군 부자고 누군 가난하지 뭐야."

거지는 그 멋쟁이 신사처럼 자신도 호텔에 묵으며 끼니때마다 맛있는 음식을 먹고, 호사스러운 생활을 할 수 있다면 더이상 바랄 게 없겠다는 생각을 했다.

바로 그때였다. 거지 앞에 운명의 신이 나타나서 말했다.

"나는 운명의 신이야. 네 소원을 들어주겠다면 받아들일 수 있겠니?"

"당연하죠!"

"그래? 그러면 네가 원하는 만큼 황금을 채워주지. 어서 네가 메고 있는 자루를 내려놓아라. 단, 한 가지 조건이 있어. 절대 황금을 땅에 떨어뜨려서는 안 돼. 만약 황금이 땅에 떨어진다면 그 순간 돌로 변하니까. 그런데 네 자루가 아주 낡았다는 점을 명심해야 할 거야. 그러니 욕심 부리지 말고 담을 수 있을 만큼만 담아야 할 거야."

생각지 못했던 행운 앞에서 거지는 꿈인지 생시인지 혼돈스러울 정도였다. 기회를 놓칠세라 그는 황급히 낡은 자루를 벌렸다. 그러자 황금이 마치 빗방울 떨어지듯 후드득 자루 속으로 들어왔다. 자루가 불룩해지자 신이 말했다.

"이 정도면 됐니? 평생 배불리 먹고살 수 있을 것 같은데."

"천만의 말씀! 이 정도로는 부족하죠."

"그렇다면 좋아. 더 주겠어. 단 자루가 찢어진다면 어떻게 되는지 알지?"

"걱정 마시죠. 결코 그런 일은 일어나지 않을 테니까요. 이 자루에 물건을 얼마나 담을 수 있는지는 제가 너무도 잘 알거든요."

"그래 조금 더 주지. 이 정도면 충분하겠지?"

"아뇨. 좀더 담을 수 있어요. 조금만 더……."

황금은 자루 속으로 계속 떨어졌지만 거지의 말이 채 끝나기도 전에 자루는 기다렸다는 듯이 부지직 소리를 내며 찢어져버렸다. 결국 황금은 모두 돌로 변해버렸고, 운명의 신도 어디론가 사라져버렸다.

세상에는 소유하고 싶은 것이 너무 많다. 도처에 갖가지 유혹들이 넘쳐나고 있기 때문에 우리는 쉽게 욕망의 포로가 되거나 맹목적인 행동을 하게 된다. 사람들은 더 많은 것을 소유하려고 안간힘을 쓴다. 맹목적으로 헛된 욕망과 허황된 꿈을 좇고, 심지어 차마 인간으로서 해서는 안 되는 일까지 서슴없이 저지른다. 횡령, 뇌물 수수, 절도, 강도, 사기, 도박, 마약, 밀수 등은 하나같이 탐욕에서 비롯된다. 욕망 앞에서 노예가 된 사람들은 법망을 피할 수 없다는 것을 잘 알고 있으면서도 요행을 바란다. 어떤 이들은 마지막으로 한 번만 더 한 몫 잡은 뒤 깨끗이 손 털고 평생 만족하며 살겠다고 생각하지만 결국 그것은 끝이 나지 않는다. 안타까운 일이다. 탐욕의 문이 열려 그 안으로 일단 발을 들여놓는 순간부터는 그곳에서 헤어나기 어려우며, 열려진 문을 다시 닫기란 거의 불가능한 것을 사람들은 모른다.

지나친 욕심을 가리켜 우리는 '탐욕'이라고 말한다. 이는 인간의 본성 중 부정적인 일면으로, 인간의 영혼을 병들게 하고 마비시키는 독버섯 같은 존재이자 온갖 사회악을 불러일으키는 근원이다. 탐욕에 눈이 멀면 사람들은 이성을 잃고 마음속에 온갖 해악을 키우게 된다. 탐욕스러운 사람은 삶의 즐거움이 무엇인지 깨닫지 못한다. 그들은 지나친 욕망과 허황된 꿈 때문에 즐거움이라는 소중한 자산을 잃어버린 채 늘 불평과 불만을 입에 달고 산다.

과연 인간은 탐욕을 자제할 수 없을까? 그렇지 않다. 탐욕을 자제하는 것은 마음에 달려 있다. 마음의 눈으로 인간의 탐욕을 부추기는 것이 무엇인지를 정확히 볼 수만 있다면 욕망과 유혹에 전혀 동요되지 않는다.

'자족하는 사람은 즐겁다.'고 하지 않는가. 그러나 욕망에 대한 집착이 클수록 인간은 자족과는 거리가 멀어진다. 자족하는 사람은 욕망에 집착하지도 않고 지배당하지도 않는다. 심지어 욕망을 아주 무의미한 것으로 여긴다. 때문에 자신의 욕망을 조금 채우게 되면 그것만으로도 행복해 하고 더 많은 것을 바라지 않는다. 채울 수 없는 욕망은 깨끗이 포기해버리고 그것에 집착해 인생을 허비하지 않는다.

보통 사람으로서는 욕망을 자유롭게 조절한다는 것이 쉽지 않은 일이다. 황금을 보고도 욕심을 내지 않는다는 것은 거의 불가능한 일이기 때문이다. 하지만 욕망과 유혹 앞에서 자족하고 탐욕을 버리고자 마음을 다스리는 노력을 기울인다면, 진정 행복한 삶은 결코 멀리 있지 않을 것이다.

허영심은
허망함을 불러 온다

　다른 새들이 볼 때는 그리 뛰어난 외모가 아닌데도 불구하고 자신 나름대로는 남달리 우아하고 특별하다는 자만감에 도취돼 있는 까마귀 한 마리가 있었다.

　하루는 그 까마귀가 운 좋게 사냥한 고깃덩어리 한 점을 입에 물게 됐다. 드디어 나뭇가지에 앉아 맛있게 먹으려고 할 때였다. 지나가던 여우는 그 광경을 보고 고기가 먹고 싶어 군침을 질질 흘렸다. 꾀 많은 여우가 가만히 있을 리 만무했다. 고기를 뺏으려고 잔머리를 굴리며 까마귀에게 말했다.

　"어쩜 당신은 예쁘고 날씬한데다 아름다운 깃털까지 지녔나요. 당신 같은 아름다운 까마귀는 정말 난생 처음 봐요. 당신의 목소리도 외모만큼이나 아름답다면 당신은 새 중의 가장 아름다운 새가 아닐까요."

귀가 얇은 까마귀는 여우의 칭찬에 기분이 좋아 어쩔 줄을 몰라 했다. 여우의 말대로 아름다운 목소리를 들려줘야겠다는 생각이 들었다. 까마귀는 고기를 물고 있다는 사실도 잊은 채 입을 크게 벌려 노래를 부르기 시작했다. 순간 입에 물고 있던 고깃덩어리는 땅으로 떨어지고 말았다. 여우는 기다렸다는 듯 땅바닥에 떨어진 고기를 잽싸게 주워 입에 물고 신이 나서 크게 웃으며 도망쳐 버렸다.

이때 까마귀의 기분이 어떠했을까? 엎질러진 물 다시 주워 담을 수 없는 허망함 그 자체였을 터이며, 여우의 거짓 칭찬에 놀아난 자신의 무지를 탓했을 일이다. 하지만 이미 고기는 잃어버렸으니 밤새 울어도 소용없는 일이 된 셈이다.

허영심은 누구나 가지고 있다. 다만 정도의 차이가 있을 뿐이다. 적당한 허영심은 자신을 발전시키는 긍정적인 역할을 하기 때문에 가지고 있는 게 좋다. 하지만 문제는 지나친 허영심으로 결국 자신을 기만하도록 만들어 고통의 나락으로 빠지게 한다.

허영심은 지나친 자존심의 표현이며, 명예 때문에 주목을 끌고자 하는 비정상적인 감정의 표현이다. 허영심에 사로잡히면 체면만 중시하고 현실은 무시한다. 결국에는 자신을 망치게 된다.

심리학자들은 허영심의 경우 욕구, 특히 존경받고자 하는 욕구와 관계가 있다고 말한다. 인간은 성공, 권력, 권위, 명예, 지위, 명망을 추구하고자 하는 강한 허영심을 갖고 있다. 지나친 허영심에 사로잡히면 끝없이 욕심을 부리고, 심지어 자신의 능력 밖의 일, 부도덕한 일도 저지르게 된다. 그러니 지나친 허영심은 금물이다. 반드시 적당하게 그 조절방법을 찾아볼 필요가 있다.

허영심의 늪에 빠지지 않기 위해서는 무엇보다도 기본적으로 성실하고 정직해야 한다. 어떤 대가를 치러서라도 심리적 욕구를 만족시켜야겠다는 생각은 절대로 해선 안 된다. 어떤 이들은 물질적 욕망 때문에 소중히 여기고 지켜야 할 자신의 몸을 관리하지 못한 나머지 건강을 잃은 다음 뒤늦게야 후회하게 된다. 이는 깊이 반성해야 할 일이다. 내적인 아름다움을 추구하는 것 또한 허영심으로부터 벗어나는 좋은 길이다. 헛된 명예를 탐해서는 안 된다. 동시에 자기 자신을 잘 알아야 한다. 즉, 자신의 장단점을 객관적으로 평가해 이상과 현실 간의 차이를 극복하기 위해 힘써야 한다.

허영은 자존심과 무관하지 않으며, 자존심은 주위의 평가와 관련이 있다. 그러나 자기 발전은 주위의 평가나 타인의 조건이 아니라 스스로의 노력이 원동력이 됐을 때에야 비로소 이룰 수 있다. 자신감과 인내심을 가지고 노력한다면 허영심을 극복하는 일은 어렵지 않다. 많은 이들로부터 존경받는 훌륭한 사람이 되는 자기관리 비법 중 하나가 바로 허영심으로부터 벗어나는 일이다.

핑계는 영원한 실패다

오랫동안 굶주린 여우 한 마리가 몰래 포도밭에 들어갔다. 아주 탐스럽게 익은 포도는 햇빛을 받아 마치 보석처럼 반짝였다. 여우는 먹고 싶어 견딜 수 없었다. 문제는 포도가 너무 높이 달려 있다는 것이다. 키를 높이려고 몸을 비틀고 뛰어보기도 했지만 역부족이었다. 어떻게 해도 포도를 따먹는 일은 불가능했다. 뾰족한 수가 생각나지 않자 여우는 이리저리 맴돌다 결국 포도를 포기하고 밭에서 나왔다. 그리고 투덜거렸다.

"정말 짜증나네. 저까짓 포도 누가 먹기나 하겠대? 보기에만 맛있어 보일 거야. 먹어보면 분명 신 포도일 거야. 아마 이빨까지 썩어버릴 걸. 차라리 안 먹는 게 나을 거야. 차라리 잘된 일이지 뭐."

우리는 살면서 종종 여우와 같은 상황에 처하게 된다. 좌절이나 포기

앞에서 자신이 손에 넣지 못한 것을 최대한 과소평가한다. 이를테면 자신이 간절히 원했던 명문 대학에 들어가지 못하고 평범한 대학에 들어가게 된 사람이나 팀장 승진에서 밀려날 경우 스스로를 위로하며 속으로 이렇게 변명한다.

"오히려 잘된 일이야. 그 학교 나온다고 특별할 거 있겠어? 용 꼬리보다 뱀 대가리가 나을 거야."라거나 "승진한다고 평생 보장받는 것도 아닌데 뭘. 책임질 일만 많아질 테니 지금처럼 평사원으로 홀가분하게 일하는 게 뱃속 편하지."라고.

이는 체면치레를 위한 변명일 뿐이다. 스스로 위안을 삼으며 태연한 척하려 하지만 주변사람들의 평가는 바뀌지 않는다. 능력이 부족하다는 쪽이다. 오히려 그들은 뒤돌아서서 현실 도피라고 비웃을지도 모른다.

누구나 도전에 실패할 수 있다. 다만 궁색한 변명은 앞으로의 삶에 도움이 되지 않는다. 자신의 실패를 인정하고 겸허하게 받아들이면서 현실을 직시해야 한다. 다시 말해 자신의 현실에 대한 냉정하고 객관적인 평가를 내려야 한다. 열심히 노력하지 않았으니 명문 대학에 못 들어간 것은 당연한 결과이므로 다음에는 더 열심히 공부해서 실패하지 않겠다는 다짐을 하는 것이 현명하다. 능력이 모자라 승진에서 밀렸으니 앞으로는 능력 개발을 위해 최선을 다해야겠다는 각오를 해야 한다. 스스로에게 성실하고 솔직한 이미지를 쌓을 때 실패를 딛고 더욱 발전할 수 있는 계기를 마련할 수 있다.

'핑계 없는 무덤이 어디 있겠는가?' 라는 말이 있다. 지각하면 차가 막혔거나 시계가 멈췄고, 시험에 떨어지면 문제가 너무 어려웠다거나 문제가 너무 많았다고 핑계를 댄다. 사업에 실패해도 성적이 떨어져도 온갖 핑계를 댈 것이다. 만약 핑계로 잘못을 감출 수 있고 실패를 만회할 수 있다면 핑계를 댈 만하다. 그러나 핑계는 아무런 도움이 안 될 뿐만 아니라 자신과 남을 속이는 일이다. 핑계가 지각으로 지체된 작업을 만회하고, 떨어진 시험에 붙게 하고, 금전적 손실을 메울 수 있을까? 결코 그렇지 않다. 핑계는 현실 도피로 자기 자신을 점점 더 소극적으로 만들 뿐이다. 그것은 전염병처럼 우리의 영혼을 병들게 하며 주변까지 부정적인 영향을 주고 스스로의 잠재력을 발휘하는 데 큰 걸림돌이 된다.

우리가 어떤 결과에서 포기하는 이유를 찾을 때 성공은 우리 곁에서 한 발짝 멀어진다는 사실을 알아야 한다. 따라서 이 사실 하나만은 꼭 명심해야 할 필요가 있다. 무슨 일이든 사전에 충분한 준비를 했더라도 성공하기 전까지는 언제나 실패의 가능성이 있다는 것이다. 실패를 했다고 치자. 그렇다면 어떻게 하겠는가. 온갖 이유를 대며 물러서겠는가, 아니면 용감하게 재도전해 보겠는가? 겁 많고 나약한 사람들은 물러설 온갖 이유를 찾을 것이고 용기 있는 사람은 적극적으로 재도전한다.

용기 있는 사람이 되고 싶다면 실천해야 한다. 행동으로 자신의 가치를 증명해 보여줄 수 있어야 한다. 포기, 불가능, 역부족이라는 어리석은 말들을 인생의 사전에서 깨끗이 지워버리자. 핑계를 찾지 말고, 자신 앞에 놓인 시련에 굴복하지 말자. 고통을 인내하고 용감히 나아간다면 머지않아 자신의 가치를 발견하게 될 것이다.

자연의 순리를 존중하라

자연의 법칙, 즉 사물의 법칙이라는 게 있다. 그럼에도 불구하고 안 되는 무언가에 조급해 하고 원칙적으로 불가능한 일 앞에서 무모한 도전을 하는 사람들이 있다. 그들에게 해줄 수 있는 조언은 한 가지다. '순리대로 살아가라.' 는 것이다.

암탉 한 마리를 키우는 농부가 있었다. 암탉이 알을 낳도록 큰 관심을 기울였는데도 암탉은 알을 하루에 한 개만 낳았다. 성격이 급한 농부는 암탉이 더 많은 알을 낳기를 원했고 그 때문에 모이를 더 많이 주기 시작했다. 전보다 두 배나 많은 모이를 주면 알을 하루에 두 개는 낳을 것이라고 여겼다. 하지만 암탉은 농부의 생각처럼 되지 않았다. 무지한 농부는 모이의 양이 적어서 그럴 거라 생각하고 더욱더 많은 모이를 닭에게 먹였다. 결과는 비참했다. 암탉은 점점 살만 쪄갔고, 결국 하루에 한 개씩 낳던 알마저 못 낳게 되어버렸다.

중국에는 '서두르면 일을 그르친다.'는 뜻의 발묘조장(拔苗助長)이라는 말이 있다. 이 고사성어는 암탉의 이야기와 함께 다음과 같은 뜻을 내포하고 있다. 사물은 저마다의 발전 법칙이 있는데 이 법칙을 무시하고 자신의 희망과 바람대로 일을 진행하면 정반대의 결과가 나타날 것이라는 얘기다. 다시 말해 서두르면 일을 그르칠 수밖에 없다는 것이다.

법칙이라는 것은 객관적인 범주에 속하기 때문에 인간의 의지로는 바꿀 수 없다. 만일 인위적으로 법칙을 바꾼다면 결코 성공하지 못한다. 암탉이 알을 낳는 것뿐만 아니라 모든 일이 다 그렇다.

적잖은 사람들이 기본적인 원칙을 무시한 채, 자신의 목표를 이루고 욕심을 채우고자 무모한 행동을 한다. 결과는 정반대로 나타난다. 그리고 자신뿐 아니라 타인에게도 큰 손해를 입힌다. 단적인 예로 과일이 자라고 익는 데에도 나름의 법칙이 있는데 농부들은 더 일찍 시장에 내놓을 욕심에 숙성제를 뿌린다. 일찍 출하하면 가격은 비싸지만 겉은 그럴듯한데 당도가 떨어져 시장에 내놓아도 팔리지 않는다. 자연스럽게 익을 때까지 제 철을 기다렸다가 파는 것보다 손해를 입는다. 이것이 자연법칙을 거스른 농부에 대한 과일의 보복인 것이다.

사람들은 누구나 지름길로 가고 싶어 한다. 특히 '빨리빨리' 문화가 지배적인 한국인들의 경우 너 나 할 것 없이 빨리 성공하고 싶어 한다. 지름길로 가는 것 자체는 나쁜 일이 아니다. 누가 가까운 길을 놔두고 굳이 먼 길로 돌아가려 하겠는가?

문제는 사물의 고유한 발전 법칙을 무시한 데 있다. 왜 우리는 그 법칙을 무시하고 더 빨리 성공하기 위해 발버둥치는 것일까? 왜 모든 것을 빨리 이루려고 하는 것일까?

답은 아주 간단하다. 이익에 눈이 멀었기 때문이다. 이익에 눈이 멀어 성공만 좇다 보면 너무나 많은 것을 잃게 된다. 사물의 자연적인 발전 법칙을 어기면 언젠가는 끔찍한 결말을 보게 될 것이다.

'자연으로 돌아가자.' 라는 말을 외치는 사람들이 늘고 있다. 언제부터인가 못생긴 친환경 농산물의 인기가 높아지고 있고 은퇴 후 귀농 귀촌 붐이 일고 있는 것 또한 이와 무관하지 않다. 정신없이 속도의 경쟁속에서 자연의 이치를 거스르고 살아가는 것이 결코 바람직하지 않은 삶이라는 것을 깨닫기 시작한 것이다.

맑은 물, 푸른 하늘, 새들의 노랫소리와 꽃향기를 즐기자. 자연과 싸움을 벌여 자연의 법칙을 깨트리는 것만큼 바보 같은 짓은 없다.

제 2 부

행복은 마음먹은 대로 이루어진다

외모는 보여지는 것일 뿐이다
자기 주관이 뚜렷해야 한다
인격은 스스로 유지하는 것이다
요행은 아예 바라지도 마라
노블레스 오블리주는 필수다
행복은 마음먹기에 달려 있다
의심의 가장 큰 피해자는 자기 자신이다
인내는 큰일을 위한 후퇴다
비웃음은 부메랑이 되어 돌아온다
모르면 나서지 마라
현실에 안주하지 마라
용서하고 또 용서하라
배려의 힘을 키워라
남의 말 하기 전 자신을 거울에 비춰보라
생각을 바꿔라
고집불통은 소통불통이다

외모는
보여지는 것일 뿐이다

숲 속의 새들이 '새들의 왕'을 뽑고 있었다. 후보 새들이 돌아가며 유세를 했다. 이윽고 공작의 차례가 돌아왔다. 꼬리를 한껏 치켜세운 공작은 아름다움을 한껏 뽐내며 자신이야말로 새들의 왕이 될 자격이 있다고 말했다. 사실 미모로는 공작보다 예쁜 새가 없었기에 모두 그를 왕으로 추천했다.

그러자 까치가 입을 열었다.

"여러분 잠깐만요, 제가 공작 씨한테 몇 가지 물어볼 게 있는데 물어봐도 될까요?"

"물론이죠. 물어볼 게 있으면 어서 물어보세요."

"공작 씨, 만약 당신이 왕이 된 후 우리가 적으로부터 공격을 받게 된다면 당신은 어떻게 우리를 보호하겠습니까?"

예상치 못한 질문에 당황한 공작은 아무런 대답도 하지 못했다. 이 모습을 지켜본 새들은 공작을 왕으로 뽑는 것이 과연 옳은 일인지 의심하기 시작했고, 결국은 공작 대신 독수리를 자신들의 왕으로 뽑았다.

누구나 아름다움을 추구한다. 부나 학식의 정도를 떠나 아름다움을 싫어할 사람은 아무도 없다. 다만 사람들은 때때로 아름다움만 추구한 나머지 외모로 사람을 평가하는 실수를 범하고 만다. 사람들은 대체로 겉으로 화려해 보이는 사람에게는 경의와 부러움을 표하고, 소박하고 평범해 보이는 이는 무시하는 경향이 있다. 외적인 이미지로 교양과 능력, 학식, 성격, 신분 등을 판단할 수 있다고 여기지만 결코 그렇지 않다. 사실 외적인 이미지는 아주 제한적이고 단편적인 정보만을 제공하기 때문에 그것만 가지고는 한 사람을 다 안다고 말할 수 없다.

어느날 다른 회사 사무실에 방문을 했는데 멋지게 잘 차려입은 사람을 만났다. 단 한 번도 얼굴을 본 적 없는 그 회사 사장인 줄 알고 깍듯이 대했다. 그런데 갑자기 사장실에서 평범하게 차려입은 사람이 나오더니 그에게 말했다. "이봐, 차 대기시켜!"라고.

이럴 경우 얼마나 황당할까! 누구든지 이 같은 황당한 일을 겪을 수 있다. 실제로 이와 비슷한 경험을 한 사람들이 적지 않을 것이다. 외모만 보고 섣불리 판단을 함으로써 겪는 실수의 전형적인 예다.

어떤 상황에서도 외모로 사람을 평가해서는 안 된다. 이것은 인생의 중요한 철학이다. 멋지게 잘 차려입었다고 해서 그들이 모두 능력 있는 사람이라는 보장은 없다. 또한 평범하게 차려입었다고 해서 그 가운데 인재가 없으란 법도 없다.

사람을 사귀든 인재를 선발하든 우선 상대방과 진지한 대화를 나누어야 한다. 외모가 훌륭한 사람이 질문에 아무 대답 못한다면 어찌할 것인가. 차라리 평범하게 차려입었더라도 실력 있는 사람을 뽑아야 한다. 겉만 번지르르한 '빛 좋은 개살구'를 등용해서는 결코 안 된다.

　베트남에서는 이런 유행어가 있다고 한다.

　'오토바이를 탔다고 해서 쉽게 생각해서는 안 된다.'

　하노이처럼 교통이 복잡한 도시에서는 승용차보다도 오토바이가 오히려 합리적인 교통수단이 되기도 한다. 물론 현지에서 오토바이가 교통비도 절약하고 빠르게 움직이려는 서민들의 일반적인 교통수단이긴 하지만 비즈니스를 하는 돈 많은 사람들도 오토바이를 이용하는 경우가 흔하기 때문이다. 오토바이를 타고 나타난 사람이라고 해서 상대가 못 살거나 자신과의 비즈니스 파트너로서 격이 안 맞는다고 판단하는 실수는 범하지 말라는 얘기가 아닌가 싶다.

자기 주관이
뚜렷해야 한다

화가인 코끼리가 친구들을 초대했다. 풍경화를 그린 후 자신의 그림에 대한 평을 들어볼 생각이었다. 나름 그림에 안목이 있다는 친구들이 하나 둘씩 나타났다. 가장 먼저 유명한 미술 평론가인 악어가 자신의 느낌을 밝혔다.

"그림은 아주 훌륭한데 나일강이 없어서 좀 아쉬워."

이어서 바다표범이 말했다.

"나일강이 꼭 있어야 할 이유는 없어. 그런데 눈과 얼음은 어디 있는 거야?"

그때까지 아무 말 없던 돼지가 입을 열었다.

"흠잡을 데 없이 완벽한 그림이야. 개인적으로는 배추도 한 포기 그려 넣었더라면 더 좋았을 것 같군."

친구들의 의견을 겸허하게 받아들인 코끼리는 그림에 친구들의 생각대로 나일강, 눈과 얼음, 배추 등을 모두 그려 넣었다. 수정이 끝난 후 코끼리는 설레는 마음으로 다시 친구들을 초대했다. 그들의 평을 들었다. 하지만 코끼리의 예상과는 달리 친구들은 하나같이 경악했다.

"이게 무슨 그림이야, 완전 엉망이군."

대체적으로 자기 주관이 뚜렷한 사람은 그렇지 않은 사람보다 인정을 받는다. 그렇다고 고집불통이 되라는 얘기는 아니다. 다만 말이든 행동이든 타의에 의해 흔들리거나 바뀌지 말고 가능한 한 자기 자신의 입장을 정확하게 밝히고 그대로 행하는 것은 매우 중요하다.

사람의 지식과 능력은 유한하기 때문에 타인의 의견과 도움을 받아들이는 것은 일을 완성하는 데 필수요건이다. 사회에 막 진출한 젊은이가 자신이 몸담고 있는 세계에서 차림새, 언행, 사고 등 모든 부문에서 인정받으려면 되도록 주위 사람들의 생각에 맞추도록 해야 한다. 화가 코끼리는 주위 친구들의 인정을 받기 위해 그렇게 행동했다. 하지만 무조건, 무비판적으로 타인의 의견을 받아들여 자신의 스타일을 잃는다면 이 또한 현명한 일이 아니다. 일을 하기 전에 타인의 반대에 전전긍긍하고, 타인의 의견을 자신의 생각보다 더 중시한다면 타인의 한 마디한 마디가 큰 힘으로 작용해 자신의 생각을 지배하고, 결국 자아를 잃게 된다. 이를테면 주관이 없는 것이다.

주관이 없는 이유는 자신감이 결여되었기 때문이다. 자신감이 없는 사람은 자신보다 타인을 더 믿기 때문에 타인의 시선에 신경을 쓴다. 이런 사람들은 자신이 선택한 일이 남들의 동의를 받지 못했을 때, 설사 자신이 옳다고 여기는 일이라도 실천에 옮기지 못한다. 그 결과 모든 일을 생각만 할 뿐 할 건지 말 건지, 한다면 어떻게 할 건지 결정을 내리지 못한다. 이런 사람들을 두고 우리는 자기 소신이 없는 사람이라고 말한다. 자기 소신이 불분명하다는 것은 다른 말로 자신감이 없다는 것을 의미한다. 자신이 맡은 일을 실패하거나 완벽하게 처리하지 못해 남들의 비웃음과 비난을 받게 될까 두려워하는 사람들이 그 대표적인 사람들이다.

뿌리 깊은 나무는 바람에 흔들리지 않는다고 했다. 자기 주관과 소신은 뚜렷해야 한다. 일을 성공적으로 끝맺기 위해서는 자신의 생각을 중심에 두고 타인의 생각은 그저 참고만 하면 된다. 중심이 흔들려서는 안 된다는 얘기다. 즉, 타인의 의견을 수용하되 소신을 지켜야 하며, 생각이 타인에 의해 좌지우지되어서는 안 된다. 이는 일을 시작하기에 앞서 우리가 반드시 명심해야 할 점이다.

그렇다면 어떻게 해야 타인의 생각에 지배당하지 않을까? 자신의 소신을 지키고 부화뇌동하지 않는 것은 쉬운 일이 아니다. 보통 사람들은 마음이 약해 타인에게 끌려 다니기 쉽다. 모두가 인정하고 지지하는 것에 반대하고 자신의 소신대로 행동하는 것은 상당히 어렵고 용기가 필요하다. 독립적인 사고방식, 생활 능력, 자기 소신이 없으면 비즈니스나 생활에서 늘 흔들리고 뒤처진다. 사람들의 관점은 저마다 다르기 때문에 모든 사람들의 의견을 수렴한다는 것은 불가능하다. 다만 타인의 의견을 참고로 하여 자신의 소신대로 행한다면 무슨 일이든 순조롭게 풀릴 것이다.

인격은
스스로 유지하는 것이다

금수들 사이에 싸움이 벌어졌다. 날짐승들이 이겼다. 그러자 박쥐가 잽싸게 그들 쪽으로 날아가서 말했다.

"여러분, 축하드립니다! 사나운 길짐승들을 무찌르다니, 여러분들은 영웅 중의 영웅입니다. 저도 날개가 있으니 날짐승이지요. 잘 부탁드립니다!"

새들은 전력을 보강하기 위해 새로운 일원이 절실했던 터라 박쥐를 자신들의 편으로 맞이했다.

그러나 다음 전쟁에서는 전세가 뒤집혀 길짐승이 이겼다. 그러자 박쥐는 얼른 길짐승을 찾아갔다.

"축하드립니다! 날짐승들을 이기다니 정말 대단합니다. 저도 생쥐와 같은 부류니까 길짐승이지요. 잘 부탁드립니다!"

그들도 흔쾌히 박쥐를 받아들였다.

그후 박쥐는 길짐승이 유리하면 길짐승 편으로, 날짐승이 유리하면 날짐승 편으로 왔다갔다 하면서 그때그때 자기 유리한 쪽으로 기울어졌다. 훗날 전쟁이 끝나고 금수들은 화해를 했다. 그리고 양측 모두 박쥐의 약삭빠른 행동을 알게 되었다. 그러던 어느날 박쥐가 새들의 영역에 나타났다. 그러자 그들은 말했다.

"넌 날짐승이 아니야!"

새들에게 문전박대를 당한 박쥐는 길짐승을 찾아갔다. 그들 역시 박쥐를 내쫓으며 말했다.

"간신 같은 것! 넌 길짐승이 아니야."

박쥐는 부끄러워서 견딜 수가 없었다. 그후로 박쥐는 한밤중에만 몰래 나와 먹이를 찾게 되었다고 한다.

양쪽에 줄을 대는 행동은 눈앞의 이익을 위해 자신의 인격을 버리는, 인성의 비애라 할 수 있다. 이 이야기 속의 박쥐는 한마디로 줏대도, 의리도 없는 짐승이다. 기회주의적이고 원칙 없는 처세술이 당장에는 유리할 수도 있겠지만 결국엔 자신에게 해만 될 뿐이라는 것을 단적으로 보여주는 셈이다.

인격을 지키는 일은 쉽지 않다. 자신의 인격을 존중해 함부로 행동하지 않고, 돈과 명예, 권력 때문에 자신의 인격을 팔거나 비하시키는 행동을 하지 않을 수 있다면 누구나 사회에서 존경받는 인물이 될 수 있다. 고상한 인격을 소유한 자는 부귀에 현혹되지 않고 자기 뜻을 굽히지 않기 때문에 훗날 성공과 행복을 모두 얻게 된다.

미국의 16대 대통령 링컨은 이미 오래 전에 세상을 떠났지만 사람들은 아직도 그를 기억한다. 게티즈버그 연설에서 '국민에 의한 국민을 위한 국민의 정부'라는 불멸의 말을 남긴 그는 생전에 공명정대하고 청렴결백한 인격의 소유자였다. 자기 소신을 갖고 당당하게 행동했으며 그런 인격적인 면모를 인정받은 인물이다.

새로운 일을 시작할 때 자신의 인격을 밑천으로 삼아 무슨 일을 하든 인격에 위배되는 행동을 하지 않을 각오가 되어 있다면, 훗날 명리를 다 얻을 수 있다고 보장할 순 없어도 결코 실패는 하지 않을 것이다. 반대로 인격을 상실한 사람은 당장에는 많은 이익을 얻을 수 있을지 몰라도 평생토록 성공을 유지할 수는 없다. 독립적인 인격을 상실한 사람은 인생의 여정에서 방향을 잃어 결국에는 버림받은 박쥐처럼 외로운 존재가 되기 때문이다.

인생이라는 긴 여정에서 모든 사람은 자신의 소중한 인격을 잃지 말아야 한다. 상황에 따라 목숨을 잃는다 해도 자신의 인격은 반드시 지켜야 한다. 인격은 명예보다 귀하고 이익보다 소중하다는 점을 명심해야 한다.

요행은
아예 바라지도 마라

'세상에 공짜란 없다.' 는 말이 있다. 지극히 당연한 말임에도 불구하고 많은 사람들이 이 말이 인생에서 매우 중요한 말임을 강조하곤 한다. 이유는 뭘까? 아무런 노력을 기울이지 않으면서 무언가 얻어지길 바라는 사람들이 의외로 많다는 것이다. 그들은 다름 아닌 요행을 추구하는 사람들이다. 땀과 노력은커녕 도전 자체도 해보지 않고 그저 막연하게 무언가가 이루어지길 기대하는 것이다.

나이에 비해 등이 휘어버린 한 남자가 있었다. 길에서 그를 만난 같은 또래의 사람이 물었다.

"아직 등이 그렇게 될 나이는 아닌데, 무슨 어려운 일이라도 있었나요?"

"어려운 일은요. 나는 큰 고생은 해본 적이 없어요. 워낙 운이 좋아서 스무 살 때부터 넉넉하게 살았죠."

"그렇군요. 대체 어떤 직업을 가졌길래……."

"직업이랄 게 뭐 있나요. 그저 소일삼아 땅바닥을 보면서 길을 걸어다니는 게 전부죠."

"무슨 말인지 이해가 안 되는군요."

"그럴 수도 있죠. 사실 나는 20년 전에 길에서 큰 다이아몬드와 금덩이를 주웠거든요. 그것으로 힘들지 않게 살아왔죠. 그런데 그 반지를 주워 횡재한 후로 길을 걸을 때마다 땅바닥을 보는 습관이 생겼죠."

알고 보니 그는 불행하게도 수십 년 동안 땅바닥만 쳐다보고 다닌 탓에 등이 휘어버렸는데도 여전히 땅바닥을 쳐다보며 길을 걸어 다니고 있었던 것이다. 자신도 모르는 사이에 허리가 심하게 휘어진 것도 모르면서.

공자는 '전쟁을 잘하기 위해서는 적군이 오지 않으리라 장담하지 말고, 아군이 태세를 갖추고 기다리고 있다는 사실을 믿어야 하며, 그들이 공격하지 못하리라 믿지 말고, 우리에게는 만반의 태세가 갖추어져 있으므로 공격해 올 수 없음을 믿어야 한다.'고 했다. 요행을 바라지 말고 적의 공격에 대응할 준비를 해야 한다는 뜻이다. 마찬가지로 일과 학습에서도 요행을 바라서는 안 된다. 요행을 바라는 사람들은 현실을 직시하지 못하고, 냉정한 현실 앞에서 도피라는 방법을 선택하며, 사람을 현혹시키는 환상에 젖는다.

요행 심리는 특히 주식시장에서 자주 볼 수 있다. 주식이 불황일 때 투자자들은 '내 주식은 하락하지 않을 거야.'라는 요행 심리를 갖게 된다. 주식이 하락하면 주가가 반등할 거라 생각하고 반등하면 주가가 계속 오를 거라는 기대에 부푼다. 그러나 주가가 다시 떨어지면 도피하려는 심리가 발동하여 숨어서 어떻게 해볼 생각도 하지 않는다.

우리는 살아가는 동안 한두 번쯤은 전혀 예측하지 못한 행운을 만난다. 생각 없이 무심코 구입한 그림 한 점이 어느 유명한 화가의 명화였다거나 평소에는 하루 20만 원의 매출도 오르지 않는 식당인데 우연찮게 단체손님들이 많이 들어와 새 배 이상의 매출이 오를 때다. 이 같은 행운은 우연의 일치일 뿐이다. 노력을 기울이지 않았는데도 같은 행운이 다시 나타날 것이라고 생각한다면 그것은 요행을 원하는 것이다. 요행을 성공의 진리로 여기고 목표로 삼는 것은 인생 최대의 속임수이자 실수다. 반지를 주웠던 그가 요행을 바라지 않고 자신의 재능을 찾아내서 노력했더라면 마흔 살의 나이에 노인처럼 허리가 굽어지는 현실을 맞지는 않았을 것이다.

땀은 우리를 속이지 않는다. 성공하려면 반드시 그에 상응하는 대가를 지불해야 하고 얻고 싶으면 노력해야 한다. 어느날 갑자기 투자한 주식의 주가가 몇 배로 치솟고 로또가 당첨될 거라고 믿는 식의 인생을 살아서는 안 된다. 요행을 꿈꾸는 것은 인생을 낭비하는 일이고 불행을 자처하는 지름길일 뿐이다.

노블레스 오블리주는 필수다

아리스토텔레스는 '인간은 사회적 동물이다.' 라는 명언을 남겼다. 아무리 잘나고 가진 게 많아도 인간은 혼자서는 살 수 없다는 것을 가장 간결하고 강하게 함축시킨 말이다. 사람은 사람들 속에서 어우러져 함께 살아갈 때 인간다운 삶을 살아가게 된다는 얘기다.

옛날 어느 집안에 혼례가 있어 많은 친척들과 친구들이 축하해 주기 위해 찾아왔다.

주인은 가장 똑똑한 하인을 불러 말했다.

"혼례에 참석한 하객이 몇 명이나 되는지 가서 알아보아라."

하인은 하객들이 모인 곳으로 갔다. 대문 입구에 둥근 받침돌을 옮겨 놓고 그 옆에 있는 나무 밑에 앉아 하객이 몇 명이나 나오는지를 지켜보고 있었다. 혼례가 끝나갈 무렵, 하객들이 하나 둘씩 밖으로 나왔다.

집 안쪽에서 나오는 하객들은 받침돌을 미처 보지 못하고 나오다가 그만 걸려 넘어져 다쳤다. 넘어진 사람들은 재수가 없다고 욕을 하며 돌아갈 뿐 누구 하나 뒷사람을 위해 돌을 옮기는 사람이 없었다. 마지막에 나오던 한 노부인도 결국 돌에 걸려 넘어졌는데, 그녀는 달랐다. 옷을 털고 일어나더니 받침돌을 정원 한구석으로 옮겨놓았다. 혼례가 끝나자 하인이 주인에게 말했다.

"나리, 하객은 노부인 한 분밖에 없었습니다."

하인의 대답에 주인이 의아해 하며 물었다.

"그럴 리가. 네가 잘못 본 것이 아니냐? 얼핏 봐도 하객들이 많았는데 무슨 소리를 하는 게냐?"

"사실은 제가 대문 입구에 둥근 받침돌을 놓고 옆에서 사람들을 지켜보고 있었습니다. 그런데 거기에 걸려 넘어진 사람들은 재수가 없다고 투덜대기만 할 뿐 아무도 돌을 옮기려 하지 않았습니다. 노부인 한 분만이 다른 사람이 걸려 넘어질까 봐 돌을 대문 한구석으로 옮기더군요. 제 눈에는 그 노부인 한 분만 사람으로 보였습니다."

둥근 받침돌을 옮기는 일은 그리 어려운 일이 아니다. 남을 배려하는 마음이 조금이라도 있다면 할 수 있는 일이다. 하지만 사람들은 그렇게 쉬운 일을 하지 않고 불평만 한 셈이다.

한마디로 이기적이어서 자신밖에 모르는 사람들인 것이다. 이런 사람들은 하늘이 무너지면 키가 큰 사람들이 머리로 받칠 테니 자신과는 상관없는 일이라는 식으로 생각할 게 분명하다. 다시 말해 이웃을 사랑하는 마음이 전혀 없다는 뜻이다. 그들은 자신의 생명이나 이익과 관련

없는 일에는 무관심하다.

현대사회에 들어 자기 자신밖에 모르는 개인주의는 갈수록 팽배해지고 있다. 특히 우리나라의 경우 급속한 경제발전으로 인한 물질만능주의 사고가 만연되고 사회구조가 치열한 경쟁을 유도하면서 사람들은 '나', '내 자식', '우리 식구'라는 식의 이기주의 속으로 빠져드는 경향을 드러낸다. 이는 양심의 부재로 도덕적 해이를 낳고 희망의 싹을 틔워야 할 배려와 나눔이 사라져가는 안타까운 현실을 만들어내고 있는 중이다.

과거 로마에서는 귀족들이 자신들의 자식을 전쟁터에 먼저 보냈다고 한다. 그러자 평민들도 자연스럽게 자식들을 전쟁터에 보냈다고 한다. 세상의 어떤 부모가 죽을지도 모르는 전쟁터에 자식을 보내고 싶겠는가. 하지만 국가를 위해서는 불가피한 일이기에 귀족들이 먼저 솔선수범하는 자세를 보인 것이다.

세상은 혼자서 만들어가고 혼자서 살아갈 수가 없다. 사람들은 지구라는 큰 공간 안에서 함께 역사를 만들어가고 함께 손을 잡고 살아가야 한다. 사회라는 공동체 안에서 각자 지켜야 할 법과 도덕이 있고 인간적인 양심과 에티켓을 지켜야 한다. 특히 도덕과 양심은 사람의 기본 됨됨이이자 인격의 근본이다.

로망 롤랑은 "자신이 먼저 솔선수범하면 남들도 따라서 배우게 된다."라고 했다. 이기적인 사람은 공중도덕 의식이 부족하기 때문에 남을 배려하거나 사회에 봉사하지 않는다. 우리는 솔선수범으로 공중도덕을 실천하여 다른 사람들도 함께 동참하도록 만들어야 한다. 돈을 많이 가진 사람은 기부를 통해 어렵고 힘든 이들에게 도움을 주고 지식과 재능이 많은 사람은 자신이 갖고 있는 지식과 재능 나눔을 실천해야 한다. 특히 사회 지도층인사일수록 국가와 사회의 발전과 성숙에 필요한 모든 일에서 솔선수범하는 적극적인 자세가 요구된다. 다름 아닌 노블레스 오블리주의 실천이다.

도덕과 양심으로부터 멀어져 솔선수범을 무시하고 살아가는 사람들이 많은 사회는 병든 사회로 치닫게 되며 발전이 없고 미래가 없다. 그럼에도 불구하고 우리 사회는 '모럴해저드'의 덫에 걸린 실상을 심심찮게 드러내고 있다. 지금이야말로 그 어느 때보다도 기업인, 학자, 정치인, 고위공무원 등의 사회 지도층들이 노블레스 오블리주의 주인공으로 거듭나야 할 시점인 것이다.

행복은
마음먹기에 달려 있다

타인에게 도움을 베풀고 착한 일을 많이 한 어떤 사람이 죽은 후 천사가 되었다. 그는 천사가 되고 난 후에도 인간 세상에서 남을 도우며 행복을 맛보고 싶어 했다.

어느날 그는 근심 가득한 얼굴을 한 농부를 만났는데 농부가 하늘을 향해 외쳤다.

"하나 밖에 없는 소가 죽었으니 이젠 어떻게 농사를 짓는단 말입니까?"

천사가 농부에게 건강한 소 한 마리를 선물하자 농부는 정말 기뻐했고, 그로 인해 천사도 행복을 느낄 수 있었다.

어느날 천사는 또 한 남자를 만났는데, 그는 매우 시무룩한 표정으로 하늘을 향해 외쳤다.

"사기를 당해 돈을 다 날려버리는 바람에 고향으로 돌아갈 차비도 없습니다!"

천사가 그에게 은화 몇 냥을 주었고 남자는 매우 기뻐했고 천사 역시 행복해 했다.

그후 천사는 한 시인을 만났는데 그는 젊고 잘생긴데다 재주도 있고 아주 부유했다. 그의 아내 역시 예쁘고 다정했다. 그런데도 어찌된 일인지 시인은 전혀 행복해 보이지 않았다.

천사가 그에게 물었다.

"당신은 왜 즐겁지 않죠? 제가 도와줄 일이 없을까요?"

"저는 모든 것을 가졌지만 단 한 가지 갖지 못한 게 있어요. 당신이 저에게 그것을 주실 수 있나요?"

"줄 수 있어요. 그것이 무엇인지요?"

그러자 시인이 천사를 바라보며 말했다.

"저는 행복해지고 싶습니다."

천사는 한참 생각한 후에 대답했다.

"알겠습니다."

천사는 곧바로 시인의 재능을 빼앗고, 그와 아내의 얼굴을 추하게 만들었으며 재산도 빼앗아버렸다. 그러고 나서 그의 곁을 떠났다.

한 달 후 천사가 다시 시인을 찾아갔을 때, 그는 헐벗은 채로 굶주림과 싸우고 있었다. 천사는 예전에 그가 가졌던 모든 것을 다시 돌려주었다.

그리고 보름 후 천사가 다시 그를 찾았을 때, 시인은 천사에게 계속해서 고마움을 표시했다. 비로소 행복의 참뜻을 알았기 때문이었다.

불행과 행복은 상대적인 개념이다. 불행한 순간을 느껴보지 않았다면 무엇이 행복한 인생인지 알 수가 없다. 괴로움과 어려움, 고독과 같은 불행한 일들도 인생에서는 한두 번쯤 거쳐갈 때 오히려 소중한 경험이 된다. 직접 경험할 기회가 없었다면 간접적으로라도 보고 체험하고 느껴야 한다.

'젊어 고생은 사서도 한다.' 는 옛말이 결코 틀린 말이 아니다. 사람은 어리석게도 행복할 때는 그것이 행복인지 모른다. 돈, 사랑, 건강, 명예, 지위, 친구 등 이 중에서 어떤 것이든 한번쯤 잃고 나서야 비로소 자신이 가졌던 것들이 얼마나 소중한 것이었고 행복에 필요한 요소들이었는지를 뒤늦게 깨닫게 된다. 배가 고파 죽을 지경에 놓이면 라면 한 그릇에도 행복을 느끼고, 피곤해서 쓰러질 것 같을 때는 침대에 누울 수 있다는 사실만으로도 행복하다는 사실을 알게 된다.

행복을 한마디로 무엇이라 정의 내릴 수는 없지만 일상의 사소한 일들이 사람을 감동시키고, 그것을 통해 우리는 행복을 배운다. 행복은 자신이 만들어가는 것이다. 어떤 마음으로 생활하느냐에 따라 행복이 결정된다. 행복해지고 싶다면 먼저 즐거운 마음으로 주문을 걸자. 그러면 정말 행복해질 것이다.

불치병에 걸린 한 사람이 있었다. 하지만 그는 평소처럼 긍정적이고 쾌활하게 끝까지 포기하지 않고 병마와 싸웠고, 병은 기적적으로 완치되었다. 과학자들은 이를 두고 인간에게는 꺼져가는 생명도 소생시키는 위대한 능력이 있다고 했다. 또 의학 기술이 기적을 창조한 것은 아니며 이는 어디까지나 정신력의 승리라고 했다. 우리가 이러한 사실을 깨닫는다면 좀더 행복하게 생활할 수 있고, 남을 원망하는 마음 역시 사라질 것이다. 이런 점으로 미루어볼 때, 행복은 마음에 달려 있다는 사실을 알 수 있다.

행복과 근심은 동시에 마음의 문을 두드린다. 마음의 주인이 누구를 초대하느냐에 따라 함께할 대상은 달라질 것이다. 모든 것은 마음먹기에 달려 있으며 긍정적인 사고와 행동은 행복을 불러오는 가장 큰 에너지라는 사실을 잊지 말아야 한다.

의심의 가장 큰 피해자는
자기 자신이다

도끼를 잃어버린 주인은 옆집 아이를 의심했다. 그는 그날부터 한동안 매일같이 아이의 거동을 살폈다. 걸음걸이, 말투, 표정 등 아이의 모든 행동이 도둑처럼 보였다.

하지만 시간이 흐른 후 산에서 나무를 하던 그는 우연히 그곳에서 잃어버린 자신의 도끼를 찾았다.

며칠 후, 다시 옆집 아이를 보았지만 그때는 전혀 도둑처럼 보이지 않았다.

결코 가볍게 듣고 웃어넘길 이야기가 아니다. 깊이 생각해 보면 도끼를 잃어버린 사람이 아주 큰 잘못을 저질렀음을 깨닫게 될 것이다. 그는 처음부터 아이에 대해 의심을 품고 아이를 평가했다. 자신의 추측과 억측으로 아이를 판단한 후 자신의 부정적인 생각을 뒷받침할 근거를 찾으려 한 것이다. 그러나 결과는 자신의 잘못으로 드러났다.

　현실에서도 이런 일이 비일비재하게 일어난다. 문제는 사람들이 자신의 잘못된 판단과 의심을 대수롭지 않게 생각한다는 것이다. 누군가 당신의 잘못을 상사에게 고자질했다는 것을 알게 됐다고 치자. 당신은 우선 누군가를 지목하여 의심하고 그의 모든 면을 부정적으로 보기 시작할 것이다. 그의 거동을 예의 주시할 것이며 보면 볼수록 말과 행동이 예전과는 다르다고 생각될 것이다. 또 시간이 지날수록 자신의 추측에 더욱 확신을 갖게 될 것이 분명하다.

　"그래, 맞아. 저 사람이 틀림없어. 어제 내 앞을 지나갈 때 고개도 못 들었잖아. 도둑이 제 발 저리니까 날 의도적으로 피하는 거겠지."라고.

　하지만 결과는 오판이다. 남을 의심하는 마음 때문에 우리는 이 같은 잘못을 저지르게 된다. 다른 사람은 변한 게 전혀 없는데도 단지 자신의 생각과 마음만 달라졌기 때문에 자신의 생각은 돌아보지 않고 남을 의심하는 것이다. 심지어는 자신의 그릇된 추측에 뒷받침할 근거를 덧붙이기도 한다.

　의심이 많다는 것은 부정적인 심리 상태로, 정신의 악성종양과도 같다. 이러한 심리 상태는 인간의 정신 건강을 해치고, 이성적 판단에 악영향을 주며, 주관적이고 편협한 사고로 내몬다. 따라서 의심과 잘못된 판단은 많은 사건과 사고를 불러온다. 의처증 환자들의 의심이야말로 그 대표적인 사례다. 예나 지금이나 의처증으로 인해 가정이 무너지고 심한 경우 배우자를 살해하는 일이 지속해서 발생한다. 사랑의 결말 치고는 이 얼마나 불행한 일인가.

의심으로 인한 가장 큰 피해자는 당사자다. 타인의 동기와 목적을 의심할 때 그 자신에게는 고민과 고통만 늘어날 것이며, 사랑하는 사람들을 잃게 되고 주변 사람들로부터 버림받기 때문이다.

평소 의심이 많은 편이라고 생각된다면 먼저 다른 사람을 신뢰하는 습관을 갖는 게 중요하다. 도끼를 잃어버린 사람처럼 어리석은 잘못을 저지르지 않으려면 말이다.

인내는
큰일을 위한 후퇴다

'인내는 쓰나 열매는 달다.'고 했다.

어느날 예언자 모하메드와 전설의 복서였던 알리가 길을 걷고 있었다. 이때 맞은편에서 걸어오던 사람이 알리를 예전에 자신을 속였던 사람으로 착각하고 그에게 욕을 퍼부었다. 그러자 알리는 그가 누구인지 전혀 몰랐으나 다투고 싶지 않아 아무 말도 하지 않았다. 하지만 상대방은 계속 욕을 해댔다. 결국 참다못한 알리도 그 사람에게 욕을 하기 시작했지만 마땅히 나서서 말렸어야 할 모하메드는 오히려 그 자리를 떠나버렸다.

나중에 알리가 물었다.

"왜 그 사람이 저를 욕하도록 내버려 두고 혼자 가셨죠?"

그러자 예언자 모하메드가 말했다.

"자네가 그 사람의 욕설을 참고 아무 말 없이 있을 때는 자네 곁에서 열 명의 천사가 그 사람을 반격하고 있는 것을 보았네. 하지만 자네가 그 사람과 똑같이 욕을 하기 시작했을 때, 천사들이 자네를 외면하고 떠나버리기에 나도 그랬을 뿐이네."

타인이 무례하게 굴 때 침묵을 지키는 것은 자기 위안이 아니며 나약하고 무능한 행동도 아니다. 반대로 타인의 비난을 잘 참아내는 것은 고귀하고 보기 드문 훌륭한 인격의 발현이다. 이것은 고상한 사람만이 할 수 있는, 모든 저속함을 벗어버린 행위이자 성숙된 사상의 표현이다.

인내를 배우는 것은 쉬운 일이 아니다.

그렇다면 인내는 어떻게 배울 수 있을까? 또 무엇을 가리켜 '인내한다.', '인내를 할 줄 안다.', '인내에 능하다.'라고 하는 걸까?

인내를 터득하려면 무엇보다도 먼저 인내를 전략으로 삼아야 한다. '작은 것을 참지 않으면 큰일을 그르칠 수 있다.'는 속담이 있다. 인내는 뜻을 이루기 위한 수단이자 큰일을 이루기 위한 일보 후퇴지, 절대 인내를 위한 인내가 아니다. 적극적인 인내는 결코 자신을 낮추고 자아를 억누르는 것이 아니다. 단지, 고귀하고 독립적인 자아를 드러내지 않고 묵묵히 자신의 목표를 향해 나아가는 것뿐이다.

인내는 약함이 강함을 이기는 것이다. 부드러움 속에 강인함이 있는 것이고 자신의 독립적인 인격을 희생하지 않는 것이다. 그런가하면 노예근성을 버리고 눈앞의 안일과 이익을 탐내지 않는 것이며, 무능하지 않고 삶을 포기하지 않는 것이다. 인내할 줄 알고 인내에 능한 사람은 아주 현명한 사람이다. 그들은 정도껏 인내하고, 최상의 방식으로 자아를 보호하고, 타인의 속임수와 음해를 피할 줄 알며, 인내를 몸과 마음 수양의 중요한 수단으로 여긴다.

중국의 한 철학자는 이런 말을 했다.

"인내할 수 있고 인내할 수 없는 것, 용서할 수 있고 용서할 수 없는 것을 분별할 줄 아는 지혜와 도량을 가진 사람이 진정 현명한 사람이다."

비웃음은
부메랑이 되어 돌아온다

　정작 자신은 더 큰 흉이 있으면서 도리어 남의 작은 흉을 보는 사람들이 있다. 우리는 이런 사람을 두고 '똥 묻은 개가 겨 묻은 개 나무란다.'고 말한다. 남을 비웃는 사람들의 공통점은 자신의 장점만 지나치게 믿고 남보다 잘났다고 착각한다. 정작 자신의 흉은 보지 못하는 것이다.

　어느 강가에 진흙 인형과 나무 인형이 살고 있었다. 오랜 가뭄이 계속되자 둘은 아침저녁으로 함께 지냈다. 그런데 함께 지내는 시간이 길어지자 나무 인형은 진흙 인형을 무시하기 시작했고, 틈만 나면 진흙 인형을 비웃었다. 이날도 어김없이 나무 인형은 진흙 인형을 비웃으며 말했다.

　"너는 원래 강가 진흙이었는데 사람들이 그걸 뭉쳐 너를 만든 거야. 진흙 인형이 되었다고 우쭐거릴 것 없어. 8월에 비가 많이 내리면 넌 형체도 없이 사라지고 말 테니까."

그러자 진흙 인형은 대수롭지 않다는 듯 근엄한 목소리로 대꾸했다.

"신경 써줘서 고맙군. 하지만 네가 상상하는 것만큼 그렇게 끔찍한 일은 없을 거야. 난 네 말대로 강가 진흙으로 만든 인형이니까 물살에 휩쓸려 뭉개지더라도 진흙밖에 더 되겠는가? 원래의 내 모습을 찾고 내 고향으로 되돌아가는 거지. 하지만 네 처지를 잘 생각해 보게나. 넌 원래 복숭아나무였는데 사람들이 널 깎아 나무 인형으로 만든 거잖아. 비가 내려 강가에 물이 불어나면 세찬 물살이 널 순식간에 휩쓸고 가겠지. 어디로 떠내려갈지도 알 수 없다구. 남 걱정 말고 자네 앞가림이나 잘 하지!"

비웃음은 칼날의 양면 같다. 우리가 남을 비웃을 때 남 역시 우리를 비웃는다는 것이다. 타인을 비웃기 전에 먼저 자신에게 부족한 점은 없는지, 남을 비웃다가 부정적인 상황에 처하지는 않을지 생각해 봐야 한다.

현실 속에서 우리는, 자신이 가졌기 때문에 못 가진 사람을 비웃고, 자신이 잘났기 때문에 어리석은 사람을 비웃으며, 자신이 완벽하기 때문에 상대방의 결함을 비웃는다. 상대방의 실수를 비웃을 때, 상대방을 어려운 상황에 빠뜨린 그 실수가 자신을 향해 '너도 다를 게 없어.'라고 비웃을 거라곤 전혀 생각하지 못한다. 사람들은 자신의 동료를 비웃을 때 '사실 악의는 없었어.', '웃자고 그랬지.', '잠시 나를 위로하기 위해서 그랬어.'라는 식으로 말한다. 비웃음을 통해 타인과 상황을 통제할 수 있는 쾌감을 만끽할 수 있기 때문이다.

남을 비웃는 일은 무심코 던진 돌에 개구리가 맞아 죽는다는 것을 모르는 것이나 다름없다. 자신의 즐거움을 위해 타인에게 상처를 주는 것은 큰 잘못이다. 부자가 빈자의 가난을 비웃어서는 안 되는 것과 같은 이치다. 가난은 그들의 잘못이 아니므로 그들도 존중받을 자격이 있으며 비웃음을 살 하등의 이유가 없다.

특히 대화할 때에는 더더욱 상대를 비웃는 실수를 범하지 말아야 한다. 다른 사람이 이야기하다 실수를 하거나 화제를 벗어났다고 해서 비웃는 것은 절대 해서는 안 될 일이다. 웃는 순간 상대방은 자존심을 상하게 된다. 특히 사람들이 많은 장소에서는 더욱 그렇다. 물론 상대방이 없는 자리에서 그 사람을 헐뜯어서도 안 된다. 이는 상대방뿐만 아니라 자신에게도 해가 되는 것이다.

남을 비웃는 사람들을 보면 정작 자신의 허물을 모르는 것은 물론이고 겸손함이 부족하며 에티켓과 매너가 좋지 않은 사람들이다. 그들은 자신이 타인을 흉보고 비웃는 것이 언젠가는 부메랑이 되어 자신에게 돌아온다는 사실을 모른다.

모르면 나서지 마라

공자는 '아는 것을 안다 하고 모르는 것을 모른다 하는 것이 진정으로
아는 것이다.' 라고 했다. 배움의 자세와 사물을 대하는 태도에 대한 조
언이다. 겸손하고 진지한 자세로 사물을 대하고, 아는 것은 안다고, 모
르는 것은 모른다고 할 줄 알아야 한다는 얘기다. 자신을 기만하고 남을
속이면서 모른다는 것을 숨기고 아는 체해서는 안 된다. 그렇지 않으면
스스로 화를 자초하게 될 것이며, 남들의 비웃음을 사게 될 것이다.

당나귀가 숲 속을 걷다 우연히 종달새를 만났다. 종달새의 명성을 익
히 들어온 당나귀는 웃으며 말했다.

"아름다운 종달새 아가씨, 친구들이 당신의 노래 솜씨를 칭찬하는 것
을 자주 들었습니다. 당신의 목소리는 천상의 소리와 같아서 듣고 있으
면 신선이 된 것처럼 즐겁고 날아갈 듯한 기분이 든다고 했습니다. 그

래서 말인데 저도 아름다운 당신의 목소리를 한번 들어보고 싶군요."

종달새는 아주 예의 바르게 말했다.

"그렇게 간절히 부탁하시는데 어떻게 거절할 수 있겠어요? 기꺼이 당신을 위해 노래를 불러 드리겠습니다."

종달새가 노래를 부르기 시작하자 숲 속의 모든 동물들은 종달새의 아름다운 노랫소리에 취했고, 하루 종일 울어대던 개구리마저 귀를 쫑긋 세운 채 종달새의 노랫소리에 귀 기울였다.

문제는 그 다음이었다. 종달새가 노래를 마치자 당나귀는 마치 기다렸다는 듯이 자신이 음악에 대해 좀 아는 척하며 나섰다.

"정말 훌륭합니다. 매우 아름다운 목소리군요. 하지만 저는 당신의 목소리보다 매일 새벽을 알리는 수탉의 홰치는 소리에 더 큰 감동을 받습니다. 당신이 수탉에게서 겸손함을 배운다면 당신의 노래 솜씨는 앞으로 일취월장하리라 믿습니다."

어처구니없고 모욕적인 말을 들은 종달새는 말없이 날아가 버렸고, 당나귀와 함께 자리에 있던 다른 동물들은 크게 웃음을 터뜨렸다. 당나귀는 영문을 알 수 없어 화를 내며 물었다.

"다들 왜 웃지? 내 말이 틀렸어?"

누군가와 대화할 때 가장 참기 힘든 것은 제대로 알지도 못하면서 아는 체하거나 조금 안다고 해서 잘난 척하며 나서는 사람을 지켜보는 일이다. 살다 보면 당나귀처럼 푼수없이 섣불리 아는 척하는 사람들을 종종 만나게 된다. 그들은 음악을 전혀 모르면서 아는 체하고, 화가의 그림이 무엇을 표현하고자 했는지도 잘 모르면서 그림에 대해 좀 아는 것처럼 이러쿵저러쿵 제멋대로 평가한다. 당연히 그들은 전문가적인 식견이 없다. 차라리 아무 말 없이 감상만 했더라면 자신의 무지를 드러내지 않았을 일이건만 문외한이 전문가인 척하다 보니 스스로 무지와 위선을 드러내는 행동을 하고 마는 것이다.

말이나 행동은 신중을 기해야 한다. 입 밖으로 뱉은 말은 이미 엎질러진 물처럼 다시 주워 담을 수 없다. 모르면서 계속 아는 체하는 어리석음을 반복할 것인지 아니면 노력하여 실력을 갖추어나갈 것인지는 자신 스스로 선택해야 한다.

사회활동 중 많은 사람들을 만나는 과정에서 적극적으로 대화를 이끌어가고 상대의 말에 제대로 된 장단을 맞춰 주는 것은 매우 중요한 일이다. 인간관계 형성은 물론이고 상대로 하여금 신뢰를 쌓는 데 매우 유리하기 때문이다.

다양한 사람들과 폭넓은 대화를 즐기려면 무엇보다도 먼저 박학다식해야 한다. 태어나면서부터 천문과 지리에 능하고 고금에 통달한 사람은 없다. 사람들은 끊임없이 학습과 탐구를 통해 자신의 부족한 점을 채워가는 것이다. 그 실행방법으로 다양한 문물을 접하고 독서를 즐기는 습관을 갖는 것이 바람직하다. 또 때로는 자신이 부족한 것에 대해 다른 사람에게 묻고 배우는 것을 부끄러워하지 않는 겸손한 자세도 필요하다. 지식이 쌓여갈수록 사람들과의 만남과 인생의 만족도 또한 커질 것이다.

현실에 안주하지 마라

오랫동안 무술을 연마한 한 제자가 스승에게서 더 이상 배울 것이 없다는 생각을 했다. 결국 스승을 떠나기로 결심하고 하직 인사를 고하러 갔다.

"소인이 이젠 스승님의 기술을 다 배웠으니 하산해도 되겠습니까?"

스승은 의기양양해 하는 제자를 바라보고는 웃으며 말했다.

"가서 그릇에 돌멩이를 가득 담아오너라. 담을 수 있을 만큼 가득 담아야 한다."

제자는 당장 그릇에 돌멩이를 담아왔다.

스승이 물었다.

"가득 담았느냐?"

"예. 가득 담았습니다."

스승이 땅에서 모래를 한 줌 집어 천천히 돌멩이가 담긴 그릇에 뿌렸지만 모래가 밖으로 넘치지 않았다.

"이래도 가득 담은 것이냐?"

제자는 그릇을 흔들어가며 돌과 돌의 틈새를 최대한 없애면서 돌을 더 가득 담아왔다.

그러자 스승이 다시 물었다.

"이제는 가득 채웠느냐?"

"예. 가득 채웠습니다."

그러자 이번에는 스승이 물을 부었는데도 그릇이 넘치지 않았다.

그제야 스승의 뜻을 알아차린 제자는 그때부터 더욱 착실하게 스승 밑에서 무술을 연마했고 이후로는 하산하겠다는 말을 다시는 꺼내지 않았다고 한다.

영원히 채워졌다고 생각해서는 안 된다. 채워지지 않아야 끊임없이 노력할 수 있고 그래야 비로소 채워지지 않은 것을 채울 수 있다.

사람들은 자신이 이룬 작은 성과에는 매우 우쭐해 하고 마치 커다란 성과인 양 대단하게 생각하면서, 다른 사람에게는 그런 배려를 절대 하지 않는다. 이것이 바로 우리가 평소에 말하는 자만인데 이러한 인식은 마음이 성숙하지 않다는 증거다.

보통 사람들이 성공하기 힘든 까닭은 너무 쉽게 현실에 만족하고 발전을 추구하지 않기 때문이다. 자만하는 자들은 평생을 일해도 겨우 먹고 살 정도밖에 벌지 못하고 그러다 나이가 들면 죽음을 기다리며 인생을 마감한다. 때로는 자만하는 사람들도 자신의 처지를 개선하고 더 잘 살기를 희망한다. 그러나 만족하지 못해 고통스러울까 두려워 자신의 욕망을 최대한 억누르고 자신의 책임을 벗어버린다.

그러나 성공을 추구하는 사람은 다르다. 그들은 자신의 단점을 발견하기 위해 최선을 다하며 만족스럽지 못한 점을 찾고 개선을 목표로 삼는다. 그들은 잘못을 덮어 감추거나 자신을 자랑하지 않으며, 객관적인 태도로 엄격하게 자신을 비판한다.

따라서 어떤 의미에서 볼 때 만족하지 않는 것이 인생 발전의 선결 조건이며, 만족하지 않는 자만이 제자리걸음하지 않고 성공의 길을 찾을 수 있을 것이다.

어떤 사람들은 마음속으로 종종 이렇게 생각한다.

"지금 내 생활은 행복하고 성공도 했으니, 이 정도면 됐어. 앞으로 해야 할 일은 현재의 상태를 잘 유지해나가는 것뿐이야."

욕심을 버리고 인생을 안정적으로 살아가려는 90대의 노인이라 지금 그대로의 자신의 삶에 만족해 하는 것도 멋진 모습이다. 하지만 아직 건강하고 활동적으로 움직일 나이라면 현실에 안주하는 삶은 소극적인 태도다. 과거에 가졌던 힘차게 전진하려는 힘을 잃어버리고, 발전은 멈추게 될 것이다.

영국 언론계의 풍운아인 런던 《더 타임스The Times》의 사장이 일한 지 3개월 된 편집부 차장에게 물었다.

"자네는 매주 오십 파운드의 보수를 받고 일하는데 현재의 직위에 만족하는가?"

차장은 자신 있는 말투로 아주 만족스럽다고 대답했다. 그러자 사장은 그를 당장 해고시키고는 매우 실망스러워하며 그에게 말했다.

"우리 회사 직원이 매주 오십 파운드의 보수에 만족하고 발전을 추구하지 않는 것을 나는 원치 않네."

현재의 자신의 삶에 100% 만족해서는 안 된다. 그렇다고 경제적으로 과욕을 부리라는 것은 아니다.

오늘보다 더 나은 내일을 위해 더 나은, 더 높은 희망을 안고 살면서 시시각각 노력을 통해 자신을 초월해나간다면 더욱 밝은 미래를 창조할 수 있다는 것이다.

용서하고 또 용서하라

17세기, 덴마크와 스웨덴의 치열한 전쟁에서 덴마크가 마침내 승리를 했다. 환호하던 덴마크의 한 병사가 갈증을 달래려고 물통의 물을 마시려는데, 어디선가 고통스럽게 울부짖는 소리가 들렸다. 그와 가까운 곳에 심한 부상을 입고 땅에 엎드린 스웨덴 병사가 그의 물통을 바라보고 있었다.

"나보단 당신이 물을 마셔야겠군요."

덴마크 병사는 그에게 다가가 자신의 물통을 건네주었다. 그런데 뜻밖에도 스웨덴 병사는 대뜸 긴 창을 휘둘렀다. 다행히 빗나가 덴마크 병사는 팔에 약간의 부상만 입었다.

"아니! 도와주려 했는데 이러는 법이 어디 있소? 안 되겠소. 물통의 물을 다 주려고 했는데, 당신 때문에 절반을 쏟았으니, 절반밖에 못 주겠소."

훗날 이 사실을 알게 된 국왕은 그 병사를 불러 왜 살려준 은혜도 모르는 배은망덕한 스웨덴 병사를 죽이지 않았는지를 물었다.

그는 주저 없이 "부상당한 사람을 죽이고 싶지 않았습니다."라고 말했다.

분명 감동과 존경의 마음을 불러일으키는 스토리다. 덴마크 병사는 인간의 숭고한 일면을 보여준다. 특히 그의 두 번째 용서는 인간의 위대한 모습을 보여준다.

용서는 사랑을 실천하는 것이고 인간의 최고 경지라고도 할 수 있다. 용서는 인간이 반드시 갖추어야 할 덕목이며 인간의 자의식을 구현한 것이다.

자신을 정확히 알아야 넓은 도량을 가질 수 있다. 또한 처세에서도 이러한 태도를 지니고 있어야 한다. 넓은 도량과 아량을 가지고 자신과 다른 의견을 받아들일 수 있을 때 자신이 풍부해지는 것을 체험할 수 있고 폭넓고 따뜻한 인간관계를 맺을 수 있다. 자신이 전적으로 옳고, 타인의 견해가 나와 다르다고 해서 비난해서는 안 되며, 경쟁자를 포용하는 법을 배워야 한다.

신이 아닌 이상 누구나 실수를 하고 잘못을 할 수 있다. 이를 잘 알면서도 나에게 잘못을 저지른 사람을 용서한다는 일은 결코 쉽지 않다. 입장을 바꿔 생각한다는 것은 아주 힘든 일이다. 남에게 잘못을 한 뒤 우리는 상대방이 용서해 주기를 바라거나 유쾌하지 않은 지난 일을 잊어주길 바란다. 그러면서도 우리는 상대방이 잘못을 했을 때 그의 마음의 짐을 벗겨주는 넓은 아량은 부족하다. 상대의 실수를 마음에 담아두고 트집을 잡으려고 해서는 안 된다. 용서하지 않으면 자신에게 더 큰 상처를 입을 수도 있다. 증오는 증오를 낳고 보복은 또다른 복수를 낳는다.

처세에 능한 지혜로운 사람은 자신을 미워하고 자신에게 잘못을 저지른 사람에게도 마음의 문을 열고, 과거의 미움을 마음에 담아두지 않는다. 상대방과 사이좋게 지내며, 자신이 해야 할 큰일에 마음을 집중시킨다. 이를테면 용서는 잊는 것이다. 잊어버리면 그것이 곧 용서로 향하는 화해의 길인 것이다.

배려의 힘을 키워라

가끔씩 지하철을 타면 인상적인 글귀들이 눈에 들어온다. 가슴 따뜻해지는 미담들이다. 그중에서도 수개월이 흘렀는데도 수시로 기억 속에 떠오르는 한편의 글이 있다. 지하철을 이용하면서 경험한 소중한 이야기 공모에서 당선된 작품으로 내용은 대충 이러했다.

어느 직장 여성이 임산부인데 출근시간에 지하철 안에서 자신도 모르게 정신을 잃고 주저앉았다. 그때 한 할머니가 다가와서 등을 손으로 한참동안 쓸어내려주면서 손을 만져주었고 그 덕에 임산부는 정신이 나고 기운을 차리게 되었는데 그때 뱃속에 있던 아기가 어느새 중학생이 되어 잘 크고 있다고 했다. 그 당시에는 할머니께 감사하다는 말도 못했지만 너무 감사해서 잊히질 않는다는 것이다.

민심이 적잖게 흉흉해지고 개인주의로 치닫는 요즘은 누가 위험하거나 힘든 상황에 처했을 때 그냥 손 놓고 구경하는 경우도 많다. 할머니의 그런 배려 덕분에, 그 임산부는 건강한 아이를 출산하게 됐고, 또 그 아이가 꿈나무로 자랄 수 있다는 지하철 이용객의 감동스토리가 얼마나 아름다운 일인가. 어찌된 일인지 이런 작으면서도 따뜻한 얘기들은, 각종 사건사고 소식에 밀려 매스컴에 보도되지 않는 경우가 많다. 아쉬움이 남는 일이다.

누군가 이런 말을 했다. 우리 사회가 이렇게 건강하게 움직이는 것은 착한 사람들이 많이 있기 때문이란다. 충분히 공감을 하게 되는 말이다. 아쉬운 것은 생활 속에서 배려의 마인드가 갈수록 줄어드는 것 같은 느낌이 든다는 것이다. 너 나 할 것 없이 눈앞의 현실에서 내가 얻고 잃을 것에 대한 실익만 계산하다 보니 나 아닌 다른 이들에 대한 배려는 갈수록 작아만 지는 것이다.

따지고 보면 '배려'라는 게 무슨 거창하고 큰 일이 아닌데도, 각박한 현실에 휘둘리고 마음에 여유가 없어지면, 자신도 모르게 배려와는 담 쌓고 살게 된다. 적지 않은 선인들이 책을 통해 '배려의 힘'을 자주 역설했다. 따뜻한 배려와 사랑만이 세상을 아름답게 바꾸고 더 좋은 세상으로 변화시키는 참된 힘이라고 했다.

몇 년 전 한 경제연구소에서 우리나라 기업들의 6대 경영이슈와 대응방안을 발표했는데 대부분의 내용은 경영과 직관된 내용들인데 반해 눈에 띄는 특별한 한 가지가 있었다. 다름 아닌 '마음관리'였다. 경기가 위축된 상황에서는 직원들의 불안감과 업무 스트레스가 커지는데 이를 그냥 내버려두면 기업의 조직 관리는 물론이고 성장에 걸림돌이 된다는 것이다. 그래서 이런 상황에 대응하려면 임직원을 위하는 따뜻한 배려가 매우 중요하다는 것이다. 기업경영도 사람이 핵심인 만큼 임직원들에게 마음을 치유하는 '힐링'을 주제로 서로 소통하게 하고 또 동기부여를 통해 열정을 높여줘야 조직도 구성원도 마음이 즐겁고 편해져서 기업경쟁력도 살아난다는 얘기다. 경제적인 논리를 중시하는 기업에서도 이처럼 배려의 힘을 강조하는데 하물며 가정이나 사람이 중심이 되어 움직이는 조직이나 단체에서는 더더욱 중요하고 절실한 게 배려다.

배려란 연습을 하거나 공부를 해야 하는 게 아니다. 그것은 일상생활 중 마음에서 우러나와 자연스럽게 실천하면 되는 일이다. '배려'라고 해서 특별한 것이 아니다. 가족이나 주변 사람들 또 모르는 사람일지라도 상대를 보살펴주거나 도와주려고 마음을 쓰는 것, 그게 배려다. 길을 가다가 누가 넘어지면 손 내밀어서 일으켜 세워주고 공중 화장실에 갔을 때 뒷사람 중 누군가 좀더 급한 상황인 것 같으면 먼저 들어가게 해주는 것, 이것이 배려다.

가정에서는 밤늦게 퇴근하고 돌아와 많이 피곤해 보이는 남편이나 아내에게, 또 스트레스가 쌓인 것처럼 보이는 학교에서 돌아온 아들이나 딸에게 '따뜻한 차 한 잔 만들어줄까?', '과일 먹을래?'라고 먼저 말하는 것이 배려의 실천이다. 회사에서 후배나 동료가 일 때문에 너무 정신이 없을 때 "내가 뭐 도울 일 있으면 언제든지 말해."라고 한마디 건네는 것도 마찬가지다. 특히 직장에서 너무 바빠서 점심시간에도 혼자 사무실에 남아 일하는 동료에게 도시락이나 먹을 것을 사다준다거나

은행가는 일을 대신 해준다면 그것이 배려다.

배려의 마인드는 남녀노소 누구에게나 있어야 하는 좋은 생각이자 실천이다. 요즘은 정보화시대인 만큼 인터넷 뉴스를 읽고 댓글을 달거나 글로 자신의 생각을 밝히는 네티즌들이 많아졌다. 그런데 눈에 띄는 한 가지가 다름 아닌 다른 사람의 생각이나 의견에 대한 배려가 너무 부족한 것이다. 예의를 갖춰서 솔직하게 글을 올리는 것은 좋은데 자기 입장만 100% 옳은 얘기이고 다른 사람들의 생각이나 의견은 한마디로 잘못되었다고 하거나, 욕설 같은 글들로 공격을 하는 사람들이다. 인터넷 상에서 화가 나거나 이해가 안 되는 경우가 있다고 할지라도, 얼굴 없이 쓰는 글이라고 해서 타인에 대한 배려를 하지 않는 글을 쓴다거나 거친 말은 피해야 한다.

배려가 중요한 또 다른 이유가 있다. 타인에게 먼저 배려의 힘을 발휘하면 그 힘은 다시 또 부메랑이 되어 자신에게로 돌아온다는 것이다. 다름 아닌 배려는 그것을 보고 듣는 많은 이들에게 본보기가 되고 모범이 되기 때문에 배려문화가 확산될 때 그 사회가 선진사회가 되면서 따뜻한 세상이 된다.

사람들이 다투거나 서로를 미워하는 것은 배려의 힘이 부족한 게 그 원인 중 하나다. 상대의 입장을 먼저 생각하고, 조금 양보하고 이해하면 그게 바로 배려의 힘으로 커진다. 말 한마디 행동 하나, 상대를 배려하는 마음으로 하게 된다면 우리 사회와 가정은 한겨울 한파 속에서도 더욱 포근하고 따뜻해질 것이다.

남의 말 하기 전
자신을 거울에 비춰보라

자신의 존재감을 드러내고자 남을 폄하하는 사람들이 있다. 존재감과 함께 우월감을 자랑하는 그 순간 자신은 돋보이는 존재라고 착각을 한다. 하지만 그를 지켜본 사람들은 뒤돌아서는 순간 타인에 대한 기본적인 예의가 없는 사람이라고 손가락질하기 마련이다.

사람은 누구나 세상에 하나뿐인 귀한 존재다. 가정교육과 성장 환경이 다르기 때문에 사람들의 가치관이나 인생관이 다를 수 있고 처세와 언행에서도 개인차가 드러난다. 세상에 완벽한 사람이 어디 있겠는가. 개인의 단점을 찾아서 비난하는 일은 너무 쉽기에, 일단 단점을 찾으려고 마음먹으면 이것저것 꼬집을 점이 많을 것이다. 아무리 훌륭한 사람이라도 단점이 없을 순 없다. 남의 단점을 이야기하기 좋아하는 사람들일수록 자신의 좁은 속과 질투심을 행동으로 드러내게 된다.

동물 나라의 봉황이 모범 일꾼 선발을 위한 의견을 구하기 위해 참새에게 물었다.

"이곳에는 많은 동물들이 살고 있는데 그들 중 가장 모범적인 동물 하나를 추천할 수 있겠느냐?"

참새는 곧장 말했다.

"짹짹, 어렵습니다."

그러자 봉황은 제비가 어떠냐고 물었지만 참새는 품속에서 나뭇잎으로 만든 수첩을 꺼내 넘기며 말했다.

"짹! 오월 초하룻날, 제비는 깃털을 주인집 거실에 떨어뜨렸습니다. 사흗날에는 지푸라기로 주인집 정원을 어지럽혔고, 한번은 진흙 덩어리를 주인집 문턱에 떨어뜨렸지요. 제비는 자격 미달이에요. 절대 안 돼요!"

그러자 봉황은 다시 수탉은 자격이 충분한 것 같은데 어떠냐고 물었지만 이번 역시 참새는 수탉의 흠을 잡았다.

"짹짹! 수탉은 자격이 더 없어요. 유월 이렛날, 수탉은 너무 일찍 홰를 쳤어요. 그리고 유월 아흐렛날에는 너무 늦게 홰를 쳤고요."

이번엔 봉황이 꾹 참으며 누렁이는 어떠냐고 다시 물었다.

"짹짹짹! 누렁이는 너무 사납잖아요! 잘 아시면서……. 사실은 칠월 사흗날, 누렁이는 도둑놈을 쫓느라 주인집의 오이꽃 두 송이를 짓밟았어요. 팔월 스물하고도 사흗날에는 족제비를 잡으려다 닭들을 놀라게 해 한바탕 소동을 피웠지요."

봉황은 웃으면서 그렇다면 모범 일꾼을 뽑을 수 없겠다고 말했다.

그러자 참새는 자신이야말로 부지런하고 실수를 저지르지 않는 편이라면서 은근 슬쩍 자신이 가장 모범적인 존재임을 과시했다. 봉황은 한 동안 침묵을 지키더니 참새에게 물었다.

"그렇다면 너에게 한 가지만 묻겠다. 다른 동물들의 실수에만 온통 그렇게 신경 쓰면 대체 네 일은 언제 하느냐?"

"저, 그게 말입니다……."

참새는 부끄러워 얼굴을 붉히며 자신의 둥지로 숨어버렸다.

남들의 단점을 작은 것 하나 놓치지 않고 세세하게 말한 까닭은 그들이 자격 미달이라는 점을 확실히 알려주고 싶었기 때문이다. 우리 주변에도 자신을 돋보이게 하기 위해 다른 사람의 단점을 끊임없이 떠들고 다니는 사람이 있다. 남을 바라보는 객관적인 관점으로 자신을 들여다보면 자신에게도 단점과 부족함이 많다는 사실을 깨달을 것이다. 그런데 어떻게 남에게는 엄격하고 자신에게만 관대하단 말인가?

우리가 살면서 자주 해야 할 것 중 하나가 자신에게 거울을 비춰보고 스스로를 엄격하게 파악해 보는 것이다. '나는 지금 바르게 살고 있는가?', '나는 누구에겐가 아픔을 주고 있지는 않은가?', '나의 단점은 무엇인가?' 등등. 자신은 인생을 잘 살고 있는지를 알아보는 것이다. 남을 바라보는 시각으로 자신을 직시하고, 남의 단점을 지적할 시간에 자신의 발전을 위해 노력하는 사람이 바른 삶을 살아가는 주인공인 셈이다.

생각을 바꿔라

인생의 성공과 실패, 행복과 시련, 기쁨과 슬픔은 자신의 마음이 빚어
낸 결과다. 우리의 마음은 생활을 변화시킨다. 때문에 성공한 사람들이
흔히 하는 말이 매사에 희망적이고 긍정적으로 생각하는 것이 중요하
다고 강조하며 일을 할 때는 뭔가 새로운 방법을 모색하는 것이 창의적
이라고 주장하는 이유도 다 그 때문이다.

한 할머니에게 우산을 파는 큰아들과 염색 공장을 경영하는 작은아들
이 있었다. 할머니는 하루 종일 근심 걱정으로 무엇을 해도 기쁘지 않
았는데, 날씨가 맑으면 우산 파는 큰아들이 걱정이었고 비가 오면 작은
아들의 염색 천들이 비에 젖을까 염려스러웠기 때문이다. 할머니는 날
마다 아들들을 걱정하느라 결국 병에 걸렸고, 고심 끝에 현자에게 도움
을 청하였다.

현자가 말했다.

"할머니는 정말 복이 많으시군요. 한번 생각해 보세요. 비 오는 날이면 큰아들의 장사가 잘될 것이고, 맑은 날이면 작은 아들의 장사가 잘될 테니 궂은 날이나 맑은 날 모두 할머니에게는 좋은 날이 아닙니까."

그제야 할머니는 그동안 자신이 단 한 번도 좋은 쪽으로는 생각하지 않았다는 사실을 깨달았다. 그 뒤로 할머니의 병은 깨끗이 나았고, 매일매일 즐겁게 생활했다. 할머니는 사람들을 만날 때마다 큰아들의 장사가 잘된다거나 작은아들의 장사가 잘된다는 자랑을 하며 보냈다. 변한 것은 아무것도 없고 생각만 달리했을 뿐인데 너무도 간단하고 쉽게 할머니의 병은 나았다. 우리네 생활 속 많은 일들이 이와 같다. 사고방식을 바꾸고 문제를 대하는 태도를 바꾼다면 결과는 크게 달라질 것이다.

미국의 유명한 심리학자 윌리엄 제임스는 '우리 세대의 가장 위대한 발견은 마음가짐을 바꾸면 인생이 변한다는 사실을 알게 된 것이다.' 라고 말했다.

우리가 사는 목적은 풍요롭고 즐겁기 위해서이지 고통과 번민 속에서 허덕이기 위해서가 아니다. 그렇다면 왜 좋은 쪽으로 생각하지 못할까?

마음속으로 즐겁고 행복한 일만 생각하면 실제로 즐겁고 행복해진다. 반대로 마음속으로 슬픈 것만 생각하면 슬퍼진다. 어떤 삶을 선택할지에 대한 답은 나와 있는 셈이다.

어떤 사람들은 현실을 탓한다. 타인에 의해 자신의 상황이 나빠졌고, 환경이 인생을 결정짓기 때문에 자신이 처한 현실이 좋지 않아 불행하다고 여긴다. 또 아무리 벗어나려 해도 벗어날 수 없는 상황이 있게 마련인데 어떻게 좋은 쪽으로만 생각할 수 있느냐고 반문한다. 과연 그럴까?

그들은 지금까지 한 번도 좋은 쪽으로 생각하지 않았기 때문에 나쁜 일을 겪게 된 것이다. 그들은 비관하고 실망하고 고통스러워하기 때문에 설령 좋은 생각이 있더라도 스스로 부정해버리는 습관이 있다.

양이 "메에에……!" 하고 한 번 울 때마다 한 입 정도의 마른 풀을 잃게 된다는 속담이 있다. 무거운 마음에 쉴 새 없이 고민을 늘어놓으며 좋은 쪽으로 생각하지 않으면 말할 때마다 자신에게 돌아오는 행운을 잃게 될 것이다. 말이 씨가 된다고 했다. 푸념보다는 생각을 바꾸는 습관이 중요한 것이다.

고집불통은
소통불통이다

"니들이 뭘 알아. 난 이 사업 30년 한 사람이야. 잔말 말고 시키는 대로 해."

금형업계에서 잔뼈가 굵은 한 중소기업 K사장은 늘 이런 식으로 간부들의 의견을 가로막았다. 2004년 당시 직원 수 50여 명의 기업으로 꽤 안정적인 성장을 해오던 기업이었고 업계에서는 그를 모르는 이가 없을 정도로 유명했다. 그러니 직원들은 물론이고 차장, 부장까지도 IT와 접목된 새로운 시스템 도입의 필요성을 간절히 원했지만 더 이상 거론을 하지 못했다. 하지만 급변하는 트렌드에 미리 대응하지 않았기에 후발업체들에게 일감을 빼앗기기 시작한데다 직원들과의 소통마저 단절돼 능력 있는 직원들도 하나둘씩 회사를 떠나면서 K사는 갈수록 매출이 급감했다. 이런 상황에서 사장 자신의 건강에 문제가 생기면서 회사는 부도위기에 처하고 결국 문을 닫는 일이 발생했다.

고집은 불통을 낳고 불통은 단절로 이어진다. 가정이나 회사 어느 집단이든지 리더와 구성원들 간의 소통이 막히면 결과는 조직력 약화와 구성원 이탈로 치닫게 되며 결국엔 무너지고 만다. 이 때문인지 사장 한 사람의 입김이 세고 보수적인 성향이 강했던 우리의 중소제조 기업들이 2천년대 중후반 이후로 급변했다. 사장들은 명령식 말을 아끼고 구성원들의 제안을 적극 받아들이며 칭찬을 대화의 물꼬를 트는 수단으로 활용하기도 한다. 시대변화에 적극 대처하면서 잘 적응하는 기업의 CEO들일수록 그렇다.

자신의 생각만을 고집하는 것은 매우 큰 문제를 야기시키며 단절과 몰락의 결과를 초래한다. 누군가 충고를 하면 먼저 왜 그런 충고를 하는지 물어보는 게 현명한 사람의 대응법이다. 이해가 잘 안 되면 솔직하게 물어봐야 한다. 다른 사람의 충고에 귀 기울이지 않으면 큰 손해를 보게 된다.

예나 지금이나 리더들 가운데는 자신의 생각만 고집하는 사람이 적지 않다. 가장 전형적인 예로 옛 중국의 항우가 그랬다. 진나라 말기에 유방과 진나라를 멸망시키고 중국을 차지하기 위해 다툰 무장인 그의 기개에 당시 많은 사람들이 탄복했다. 그래서 그는 실패는 했지만 영웅이라는 칭호를 얻었다. 하지만 항우에게는 치명적인 단점이 있었는데, 바로 자신의 생각만 고집하며 충언을 귀담아듣지 않는 것이었다. 유방은 항우와 달랐다. 그는 항우와 같은 영웅적인 기개와 담력은 없었지만 인재를 알아보고 적재적소에 쓸 줄 알았다. 그의 휘하에는 장량, 소하, 한

신 같은 훌륭한 장수와 재상이 있었고, 유방은 항상 그들의 충언을 귀 담아듣고 결국 최후의 승리를 거머쥐게 되었다.

소통은 지도자들에게만 중요하고 필요한 게 아니다. 평범한 사람들도 자신의 생각만 고집하는 오류에 빠질 수 있다. 작은 성과를 얻으면 자신의 실력을 과대평가하고 남들의 고귀한 의견을 귀담아듣지 않는다. 뜻을 이루어 득의양양할 때일수록 꼭 기억해야 할 말이 있다.

'남을 이기는 횟수가 많을수록 자신에게 질 확률은 더 높아진다.'

우리는 귀를 열어놓고 사는 것에 적극적이어야 한다. 다만 충분히 경청하되 쉽게 흔들리는 것은 금물이다. 남들이 자신에게 충고할 때 먼저 그 충고가 이치에 합당한지를 생각해 보아야 한다. 이해가 안 될 때는 솔직히 물어보고 신중하게 결정을 내려야 한다. 무조건 자신의 생각만 고집하면 손해를 볼 수밖에 없으며 그렇다고 너무 가볍게 타인의 말에 흔들리는 것도 피해야 할 일이다.

뜻한 대로 살 수 있는 천 년의 지혜

제3부

함께하는 삶이 성공한다

걱정은 의미없는 일이다

모험 앞에 당당하라

좋은 친구도 노력할 때 생긴다

세대 특징을 알아야 통(通)한다

게으름은 미덕이 아니다

완벽주의만이 최선책은 아니다

과거에 집착하지 마라

남을 돕는 것이 곧 나를 위한 길이다

인생의 목표를 높게 잡아라

권위를 맹신하지 마라

생각을 멈추고 돌진하라

의미없는 논쟁은 소모적인 싸움이다

열등감! 벗어나면 된다

진짜 친구라면 이익을 다투지 마라

'나'부터 반성하자

남을 음해하면 자신도 다친다

근시안적인 사고는 버려라

자신감과 당당함으로 대처하라

혼자서는 절대 성공 못한다

걱정은 의미없는 일이다

'걱정도 팔자다.'

쓸데없는 걱정을 자주 하는 사람에게 주변사람들이 하는 말이다. 하지 않아도 될 걱정을 하거나 관계도 없는 남의 일에 참견하는 사람들일수록 이런 말을 자주 듣게 된다.

어떤 사람이 혹시 자신이 술에 취해 술병을 삼켜버리지 않았나 하고 의심하게 되었다. 그는 그 걱정 때문에 하루 종일 안절부절못했다. 주위 사람들이 그런 일은 있을 수 없다며 아무리 설명해도 소용없었다. 그는 자신이 삼킨 술병 때문에 죽게 되지나 않을까 걱정했다. 결국 그는 고민 끝에 의사에게 뱃속에 든 병을 꺼내달라는 수술을 부탁했다. 그가 막무가내로 나오자 의사는 할 수 없이 수술을 했다. 의사는 미리 준비해둔 빈 병으로 그를 속이려 했다. 그런데 정작 환자는 자신이 삼킨 술병과 상표가 다르다고 항의를 했다. 의사는 기가 막혔지만 하는 수 없이 재수술을 해주었다.

꾸며낸 이야기라 현실에는 이 정도로 어리석은 사람은 없을 것이다. 하지만 현실에서도 사소한 일 때문에 근심하다 잠도 못 자고 밥도 제대로 못 먹는 사람들이 적지 않다. 하늘이 내려앉으면 어쩌나 걱정했던 기(杞)나라 사람과 마찬가지다.

이들은 고생을 사서 하는 것이니 남을 탓할 수도 없다. 쓸데없이 걱정을 하는 것도 일종의 나쁜 습관이다. 빨리 고치는 게 좋다. 이런 습관을 빨리 고치지 않으면 개인의 생각이나 생활은 물론, 생명에도 치명적인 영향을 줄 수 있다.

근심 걱정이 많은 사람들은 삶에 희망이 없다고 비관하며 무슨 일이든 될 대로 되라는 식의 태도를 보인다. 그들은 살아가는 것 자체를 가장 큰 고통으로 여기면서도 문제를 해결할 방법은 찾지 않고 결국 하는 일 없이 허송세월을 보낸다. 또 그들의 부정적인 생각들이 꼬리에 꼬리를 물고 악순환을 반복하다가 결국엔 근심과 걱정으로 답답해 하고 울적해 한다. 그리고 일에 대한 열정도 동기도 없고 산만한데다가 반응 또한 느려서 주변 사람들은 점점 그들을 멀리하게 된다. 이런 일이 반복되다 보면 그들의 근심과 걱정은 끊일 날이 없는 것이다.

자신을 고통스럽게 만드는 근심을 떨쳐버리려면 쓸데없이 걱정하지 말고 낙관적인 자세로 생활해야 한다. 정말 어쩔 수 없는 고충이 있더라도 최악의 상황은 아니며 걱정한다고 해서 해결될 일도 아니라 생각하면서 자신의 마음을 다스려야 한다.

어느 말기 암 환자가 3개월 밖에 못 산다는 사실을 알고 자신이 가장 해보고 싶었던 해외여행을 떠나기로 결심했다. 의사는 그에게 지금 여행을 떠나면 타국에서 죽게 될지도 모른다고 경고했다. 하지만 그는 아무것도 두렵지 않았고 오히려 즐거운 마음으로 여행을 떠났다. 여행을 하면서 그는 모든 근심을 떨쳐버리고, 오직 마지막 순간까지 여행만을 즐기기로 했다. 점점 약 먹는 횟수와 위세척을 하는 횟수가 줄어들었다. 이렇게 몇 주가 지나자 오히려 그는 어떤 음식이든 가리지 않고 마음껏 먹을 수 있게 되었고 기적처럼 5년을 더 살았다.

근심은 자신을 죽이는 독약과 같은 것이다. 근심을 치료할 수 있는 가장 좋은 의사는 자기 자신이다. 희망을 버리지 않는다면 희망도 영원히 우리를 버리지 않을 것이다.

모험 앞에 당당하라

언제부터인가 벤처기업 붐이 일어났고 우리 정부와 사회는 청년들에게 벤처창업과 벤처정신을 권유하고 적극 지원하는 쪽이다. 해외 젊은 이들마저 한국의 이 같은 벤처문화에 귀를 쫑긋 세우면서 요즘은 한국의 스타트업 성공문화를 배우기 위해 제 발로 찾아오는 트렌드가 일고 있다.

모든 성공은 그저 앉아서 기다린다고 해서 저절로 찾아오는 것이 아니다. 반드시 행동으로 실천해야 한다. 모험 없는 일은 정신적인 스트레스는 없겠지만 발전 또한 없을 것이다. 안전하게 가겠다는 마음을 갖는다면 그것은 분명 발전을 저해할 것이다. 발전과 만족의 희열을 느끼고 싶다면 모험을 해야 한다. 새우처럼 과감히 갑옷을 벗어던져야 한다.

어느날 새우와 소라게가 깊은 바다 속에서 만났는데, 그때 소라게는 새우가 자신의 갑옷을 벗어버린 채 연약한 속살을 드러내고 있는 것을 보았다.

소라게는 다급하게 말했다.

"왜 유일하게 네 몸을 보호해 주는 갑옷을 벗어버렸니? 큰 물고기가 한입에 너를 삼켜버리면 어떡하려고? 지금 네 모습으로 혹시나 급류에 떠내려가 암석에 부딪치기라도 한다면 큰일 날 거야."

새우는 침착하고 느긋하게 대답했다.

"네 말이 맞을지도 몰라. 하지만 네가 잘 모르는 것이 있어. 우리 새우들은 자랄 때마다 먼저 있던 낡은 갑옷을 벗어버려야만 더 단단한 새 갑옷이 자랄 수 있거든. 지금은 위험에 처해 있지만 더 나은 미래를 위해 준비하고 있는 거야."

소라게가 곰곰이 생각해 보니 자신은 하루 종일 숨어 있을 은신처와 남들의 보호 아래서 살 궁리만을 해왔다. 여태껏 자신을 더 강하게 할 방법에 대해서는 생각해 본 적이 없었다. 그러다보니 과거나 지금이나 자신의 종족은 변한 것 없이 그대로였다.

인생은 마치 긴 강줄기와 같아 때로는 평온하다가도 때로는 급히 흐르고, 때로는 소용돌이치기도 한다. 지금 잔잔한 강물 속에 있다면 비교적 안전한 방식을 선택해 언덕을 따라 천천히 이동하거나, 동작을 멈추고 움직이지 않거나, 소용돌이 속에서 끊임없이 회전할 수도 있다. 용기가 있다면 적극적으로 도전을 받아들일 것이고 모험을 통해 자신을 증명해야 한다.

자신감과 용기는 인간의 본능이다. 미 육군 정신병학 컨설팅부 부장을 지낸 아보스 장군은 이렇게 말했다.

"사람들은 대부분 자신이 얼마나 용감한지 모른다. 사실 많은 사람들에게는 영웅적인 기질이 있다. 하지만 그들은 자신의 능력을 의심하면서 일생을 보낸다. 만약 그들이 자신에게 내재된 능력을 깨닫는다면 자신의 문제를 해결하고, 심지어 중대한 위기를 해결하는 데에도 도움이 될 것이다."

모험을 거부하고 안정과 안전을 추구하려는 생각은 평안하게 일생을 지낼 수 있도록 도와주겠지만 그것은 슬프고 무료하며 나약한 인생으로 가는 지름길이다.

더욱 안타까운 것은 스스로 자신의 잠재력을 사장시킨다는 사실이다. 성공의 열매를 딸 수 있고 성공의 무한한 희열을 누릴 수 있는데도 그것들을 포기해버리는 일이다. 언젠가는 후회와 아쉬움을 남기며 평범하게 걸어가는 자신의 삶에 화가 날 것이다.

대다수의 사람들은 모험을 원하지 않고 안정과 안전을 추구한다. 그들이 모험을 원치 않는 것은 실패를 두려워하기 때문이며 그러한 공포심리는 그들의 시야를 좁히고 능력을 펼칠 공간을 제약한다.

세상의 어떤 일도 순조로울 수만은 없다. 행동이 있으면 실수와 실패가 따르게 마련이므로 어느 정도 마음의 준비를 해야 한다. 실수와 실패를 했다고 해서 낙담할 필요는 없다. 실패는 성공의 어머니라고 하지 않는가.

경험이 없는데 무턱대고 모험에 도전하거나 모든 것을 걸어서는 안 된다. 일단 어떤 일에 모든 것을 걸게 되면 맹목적이고 근시안적으로 행동하게 되며 위험한 결과를 얻을 수 있다.

현실을 고려해 정확한 목표를 세우고 그런 다음 행동으로 옮기며 적당한 모험을 감행해야 한다. 위험 속에서 인생을 단련하고 모험 속에서 인생의 비밀을 탐구하는 것이 인생의 즐거움이다. 도전에 용감히 맞서고 도전을 통해 자신을 단련한다면 스스로가 상상하는 것보다 훨씬 더 발전할 수 있다. 특히 요즘 우리 사회처럼 취업이 힘들다는 이유로 젊은이들이 안정된 직장을 찾아 너 나 할 것 없이 공무원 시험에 올인한다. 결코 바람직한 청춘의 모습이 아니라는 것을 젊은이들 스스로 알아야 할 것이다.

좋은 친구도
노력할 때 생긴다

몇 년 전 북미 박스오피스에서 엄청난 누적수입을 기록하며 대 히트
를 친 영화가 있다. '돌핀 테일'이라는 영화는 11세 소년과 꼬리가 잘
린 돌고래의 우정을 그린 작품이다.

나이가 적든 많든 사람에게는 배우자 못지않게 중요한 사람이 바로
우정의 주인공인 친구다. 친구는 어떤 조건이나 목적이 없이 언제나 가
장 편안하고 부담이 없는 사람이기 때문에 우리가 사는 동안 참 중요한
존재다. 나이가 들어 등 긁어주는 배우자가 있다 하더라도 같이 수다 떨
고 영화도 보고 취미도 즐기고 언제든지 전화해도 통화 가능한 친구는
반드시 필요하다. 하물며 할 일도 많고 고민도 많은 2,30대 젊은 층에게
친구는 더더욱 절실하다. 오죽하면 '애인은 헤어지면 그만이지만 친구
는 언제나 늘 곁에 있기에 가장 소중한 존재다.'는 말이 나오겠는가.

사실 어렸을 때나 학창시절에는 친구 사귀기가 편하고 또 빠르다. 싸움을 한 후 화해를 하면서 친구가 되기도 하고, 같은 아파트에 살아서 친구가 되기도 한다. '우정'만 있으면 모두가 친구가 된다.

사회에 나오면 달라진다. 현실을 직시한 삶을 살아야 하고 한두 살씩 나이가 들수록 세상을 많이 알다 보니 대화가 통하는 마음에 드는 새로운 친구 한두 명 만나는 일이 그리 쉬운 일이 아니다.

4,50대가 되면 친구를 사귀기가 더더욱 힘들어진다. 저마다 살아온 인생이 다르고 사회적으로 처한 입장이 다르다 보니 성격 좋고 인상이 좋다 할지라도 또 생각이 같고 인성이 갖춰진 사람이어서 매력이 끌려도 선뜻 친구가 되기는 어렵다. 그럼에도 불구하고 친구는 사귀어야 하며 많을수록 좋다. 한 살이라도 더 먹기 전에 좋은 친구를 사귀고 싶다면 '이왕이면 다홍치마'라는 말처럼 이런 친구를 한번 사귀어보면 좋지 않을까 싶다.

첫째, 유머 감각이 풍부한 친구다. 친구가 늘 부정적인 생각이나 갖고 있고 즐겁지 않은 괴로운 얘기만 늘어놓으면 정말 즐겁지 않다. 긍정적인 친구와 어울려야 나도 밝고 명랑한 생활을 즐길 수 있다. 특히 성격이 낙천적인 친구, 유머감각이 뛰어난 친구가 곁에 있으면 하루하루가 늘 즐거움이다.

둘째, 취미가 같거나 활동적인 친구다. 젊은 시절에는 경제적 활동이 중요한 몫을 차지하는 게 사실이지만 그에 못지않게 일로부터 해방감을 안겨주고 심신을 즐겁게 풀어주는 취미 활동도 중요한 부분이다. 친구와 취미가 같으면 함께 어울릴 수 있는 시간도 많고 다양한 면에서 서로에게 도움이 된다. 설령 취미가 다르다 할지라도 다양한 취미를 가진 친구나 활동적인 친구가 있으면 좋은 영향을 많이 받게 된다. 함께 어울리다 보면 활동적인 삶을 살 수 있다.

셋째, 봉사 마인드를 지닌 친구다. 요즘 국내외를 막론하고 인생의 즐거움과 보람을 얘기할 때 늘 '나눔'이 화두가 되고 있다. 인생의 반은 나를 위해 살고, 나머지 반은 남을 위해서 살라는 말이 있다. 나눔과 봉사를 실천하는 친구와 어울리며 다른 사람을 위해 늘 배려하고 헌신하는 습관이 생기면 서로의 삶이 더욱 의미있고 아름다워진다.

넷째, 건강관리를 잘하는 친구다. 남녀노소를 막론하고 사람의 행복은 두말할 것 없이 건강에 달려 있다. 평소에 규칙적인 운동과 식생활을 즐기고 과음이나 흡연은 피하면서 자기 건강을 잘 관리하는 친구와 어울려야 함께 건강한 삶을 살 수 있다.

친구 따라 강남 간다는 말이 있다. 젊은 시절에는 친구의 영향을 많이 받게 되므로 건강한 생활방식을 지닌 친구가 곁에 있으면 많은 도움이 된다.

다섯째, 꿈을 말하는 친구다. 꿈이 있는 사람은 미래를 위한 준비를 하면서 열정적으로 움직인다. 이런 친구는 곁에서 지켜보는 것만으로도 힘이 되고 용기를 얻게 된다. 때로는 벤치마킹 대상이 될 수도 있다.

하지만 적극성이 부족해 좋은 상대가 있어도 내 사람으로 만들지 못하는 사람들이 있다. 마음은 '저 사람하고 친구하고 싶은데' 하면서도 막상 말 한마디 못하고 또 접근하지 못하는 경우다. 절대 아니 될 일이다.

일단 먼저 가까이 다가서야 한다. 그리고 말을 걸어야 한다. 대화가 오가야만 상대를 알게 되고 또 공유할 수 있는 시간을 창출할 수 있다. 특별한 말이 아니더라도 편안하게 "안녕하세요. 또 만났네요. 얼굴이 밝으신데 좋은 일 있으신가 봐요." 뭐 이런 식으로라도 말을 거는 것이다.

다음은 '먼저 베풀어야 상대가 다가온다.'는 진리를 실행으로 옮겨야 한다. 이를테면 차 한 잔, 밥 한 끼라도 먼저 함께 하자고 제의하고 나눌 때 가까워지게 된다.

상대와 친해지기 시작할 때는 가능한 한 장점만 보는 게 좋다. 단점 없는 사람은 없다. 그 단점을 나무라거나 흉보면 절대 친해질 수 없다. 가능한 한 장점만 보고 수시로 칭찬해 주는 것은 매우 좋은 일이다. 먼저 다가서서 말하고 식사도 하고 또 칭찬도 해주고 더 지나면 직장이나 집에 초대도 하고 그렇게 되면 정말 좋은 친구사이가 된다.

세대 특징을 알아야
통(通)한다

언제부터인가 인터넷에 들어가면 대체 이게 무슨 말인지 알 수가 없어 궁금증을 자아내는 말들이 종종 나타난다. 몇 년 전엔 '쌩얼'과 '지름신'의 뜻을 몰라 30대 초반의 후배에게 물어본 적도 있다. 반대로 2,30대 젊은 후배들과 술을 마시다가 70년대 80년대 영화배우나 가수의 이름을 말하면 '그런 사람이 있어요?'라고 말하기도 하고 70년대 초등학교시절 무상급식용으로 받았던 건빵이나 각종 교내대회에서 수상을 하면 학용품을 상품으로 받았다고 말하면 '아 옛날엔 그랬었구나!' 하고 의아해 하는 모습을 보게 된다.

같은 시대를 살면서도 일상생활에서 젊은 층이 사용하는 언어와 중장년층이 사용하는 언어가 서로 다르다. 젊은 층이 즐기는 문화와 중장년층이 회상하는 젊은 날의 문화가 확연하게 다르다. 그러다 보니 때로는 대화의 장벽(?)이라는 말이 나올 만큼 소통이 어려운 상황도 발생한다. 이런 것을 두고 '세대 차이' 또는 '세대 간 문화 차이'의 단적인 예라고 말할 수 있다.

요즘 중장년층 또는 노년층들과 2,30대 젊은 층과의 세대 차이는 아주 큰 편이며, 이로 인한 갈등의 골도 깊어지는 양상을 보이고 있다. 세대 간의 갈등은, 어느 시대, 어느 사회에서든지 나타나기 마련이지만 우리나라의 경우, 산업사회에 이어 정보화 사회로의 발전이, 불과 30여 년 사이에 급속도로 진행돼서인지, 유독 세대 간의 갈등이 크게 나타난다. 이런 세대 간의 갈등의 골이 깊어지다 보면 사회문제가 되고 이와 관련된 사건들도 왕왕 발생하기 마련이다.

그 단적인 예가 서로의 문화나 의식차이로 인해 요즘 들어 부쩍 자주 발생하고 있는 젊은 층과 중장년 또는 노년층과의 시비나 싸움이다. 특히 지하철이나 공공장소에서 젊은 층이 노인들에게, 노년층이 젊은 층에게 심한 욕설과 폭언을 하거나 때로는 묻지 마 폭력을 가해 충격을 주고 있다. 때문에 "동방예의지국은 어디로 갔냐?", "어른이면 어른답게 행동하라." "분통이 터진다." 식의 말들이 나오고 있다.

세대 간의 의식차이는 고령화 사회에 나타나는 사회적 갈등의 단적인 예다. 어차피 같은 시대에 함께 어우러져 살아가야 한다면 세대 간의 갈등은 반드시 해소되고 해결돼야 한다. 때문에 방송에서도 이따금씩 "세대 간의 갈등, 세대의 특징을 알면 풀린다."는 주제를 다루기도 한다.

나이 차이, 세대 차이가 있더라도, 어차피 함께 일하고, 함께 문화를 공유해야 하는 게 사회생활이다. 기업이나 사회단체, 동호회 같은 조직에서는 허심탄회하게 서로 각자가 지닌 의식이나 문화에 대한 토론을 하고 서로의 간격을 좁혀가는 추세다.

사실 젊은이라고 해서 다 과격하거나 버릇없는 것도 아니고, 세대가 다르다고 해서 말이 통하지 않는 것은 아니다. 특히 기성세대라고 해서 다 고지식하고 일방적인 것은 아니다. 서로 이해하고 양보하는 가운데 간격을 좁혀가다 보면 문제는 해소될 수 있다.

지금 우리 사회의 구성원들은 크게 4개 층의 세대로 구분할 수 있다. 이를테면 보릿고개를 경험한 50대 후반 이상의 유신세대, 민주화를 위해 시위를 하던 40대 중반부터 50대 중후반의 386세대, 그리고 86아시안게임, 88올림픽을 보면서 소위 '88 꿈나무'로 통하던 30대 초중반부터 40대 중반까지의 신세대, 그리고 10대 20대, 나아가서는 30대 초반까지의 피자와 모바일 인터넷 문화에 길들여진 M세대로 나눠진다.

우리나라가 워낙 급속한 경제성장과 격정의 세월을 보냈다. 그러다 보니 10년 15년 차이지만 사람들은 제각각 다른 문화와 다른 사고로 성장했다. 세대 간의 갈등의 골이 깊어지는 것은 그 세대의 단점이 많고 잘못되어서가 아니라 서로 이해와 양보가 부족해서인지도 모른다. 서로가 살아온 시대적 특징을 이해하고 서로의 장점을 치켜세워주고 단점은 잘 개선할 수 있도록 이끌어주고 이해하면 세대 간의 의식과 문화의 격차나 갈등은 빨리 줄어들 수 있을 것이다.

서로에 대한 이해가 무엇보다 중요하다. '저 사람은 나와 세대가 달라서 이해할 수 없어.'가 아니고, '아 저 사람은 이런 세대에 살았기에 이러한 성향을 지니고 있고, 이런 문화를 즐기는구나.' 라고 일단 인정하고 이해해 주는 것이다. 그 다음 서로의 장점을 찾아내서 높이 평가하고 융화하려는 노력을 기울여야 한다.

중장년층이나 노년층인 윗세대들은 M세대나 신세대 젊은 층의 개성과 뛰어난 IT활용 능력을 칭찬해 주고 인정해 주고 또 가능한 부분은 그들과 같이 즐기고 어울리면 된다. 반대로 M세대나 신세대 젊은 층은, 중장년층, 노년층 세대의 강한 의지력과 절약정신, 따뜻한 휴머니즘을 배우고 존경해 주어야 한다. 바로 자신들의 부모님이나 할머니, 할아버지들이다. 그분들을 존경하는 것은 당연한 일이다. 특히 예의범절 면에서는 간혹 시대에 맞지 않는 불합리한 것도 있지만, 배울 게 많은 것도 사실이다. 가정에서는 윗세대들이 손자손녀 자식들에게 직접 가르쳐주는 노력도 필요하다. 다만 훈계나 명령 지시가 아닌 자연스러운 소통문화를 활용해야 한다.

❖ 세대 별 특징

유신(55년생 이전-)세대

조금 가부장적인 편이다. 일례로 "너희가 뭘 알아?" 이러는 분들이 많은 편이다. 유신세대는 현대문물을 받아들이긴 했지만 여전히 유교적이고 보수적인 성향을 지녔다. 국가와 민족 앞에 충성을 다하는 게 도리라고 생각했던 세대다. 그리고 가난에 한 맺힌 분들이 많다. 그래서 70년대부터 90년대에 이르기까지 경제성장과 호황기를 통해 재산을 늘렸고, 자식들에게는 가난을 대물림하지 않겠다는 의식이 강하다. 또 젊은 시절 팝송을 접하고 영화관을 찾았지만 여전히 한국적 문화에 길들여 있다. 이를테면 남성 중심의 문화다. 그런가하면 절약이 미덕이고, 자신들을 위해서는 맘껏 소비하지 못한다. 사회나 직장에서는 가부장적인 의식이 몸에 배어서 다소 독선적이고, 대화 중심이 아닌 행동 중심의 사고가 강하다. 때문에 직장이나 사회조직에서는 新세대나 M세대에게 "너희가 뭘 알아?"라고 말하곤 한다.

386 (55년생-68년생) 세대

중장년층들로 7,80년대 민주화와 청바지의 자유를 아는 사람들이다. 지금 한 가정의 가장으로, 자녀들이 대학이나 중고등학교에 다니는 편이다. 직장에서는 주로 부장급, 이사급들이다. 2000년을 전후로 생겨난 벤처기업의 사장들이 대부분 386세대다. 흔히 7,80세대라고 부르기도 한다. 대학가요제에 익숙하고 캠퍼스 낭만을 느끼면서도 독재정권에 대해 불만을 드러냈다. 민주화운동에 앞장섰고 단합이 잘되었다. 독서도 많이 했고, 지적인 문화를 추구하고, 정치나 경제 분야 참여에도 적극적이다. 그런데 386세대들은 신세대들처럼 자유롭게 표현하고 싶지만, 마음속 한구석에는 '나는 한국사람' 내지는 '그래도 윗사람인데' 라는 애국심과 배려가 강하다. 기성세대의 보수적이고 독선적인 스타일을 버리려고, 가정이나 직장에서 대화를 통해 문제를 풀어가려고 하는 편이라서, 유신세대 즉 노년층과의 갈등의 골은 깊지 않다. 또 선후배

관계를 중시하면서 지나치게 이기적이거나 튀는 사람들을 싫어한다. 아래 위를 동시에 이해하면서 할 말 다 못하고 사는 사람이 자신이라고 여긴다.

新 (70년생-82년생) 세대

흔히 "우린 서태지 세대, 개성, 실속주의자들"이라고 말하는 세대이다. 경제부흥기에 태어나서, 비교적 여유 있는 환경에서 성장한 이들이 대부분이다. 새로운 음악과 문화를 스스로 재창조하면서 PC통신을 접하고 인터넷도 가장 먼저 접했다. 문화적인 면에서는 천편일률적이던 문화에 다양한 개성을 입히며 새로운 생산자가 되었다. 이들은 청소년기나 청년시절 IMF를 겪으면서 합리주의적인 소비자로 등장했다. 새로운 시도에 적극적이며 386세대의 정서에 비해 쿨(Cool)하게 문화를 즐긴다. 자신이 좋아하는 것에는 아낌없이 투자한다. 자신이 속한 조직 내에서의 인간관계는 매우 중시 여기고, 매사에 안정주의 합리주의 입장을 취한다. 일에 대한 보상을 확실하게 해주고, 일하는 분위기만 잘 만들어주면, 훨씬 더 좋은 성과를 만들어낸다. 윗사람이 칭찬 많이 해주고 귀여워해 주면 잘 따라오는 세대다.

M (83년생-) 세대

"난 나야."라고 외치는 인터넷, 모바일 마니아들이다. 이들은 모바일 세대로 불리는데 M세대의 가장 큰 특징은, 휴대전화를 전화를 걸고 받는 것 외에 다양한 용도로 사용하고, 나 자신(Myself)을 중시하는, 이른바

'나 홀로' 족이다. 자신들 세대만의 모바일 언어, 즉 386세대나 기성세대는 알아듣기 힘든 은어나 속어에 익숙해 있다. 경제적으로 어려움 없이 그리고 민주주의적 사회 환경에서 자라면서, 문화적으로도 다양성을 맛보았다. 정치와 사회에 관심이 없다. 직장 내에서 이들은 대화가 통하지 않아도 불편하다거나 고민하지 않는다. 남의 시선은 전혀 개의치 않으며 자기중심적이다. 이를테면 상사가 자신을 싫어하든 좋아하든 크게 개의치 않고, 양보나 이해보다는 자기편의주의적이어서 타협약한 것이 좀 아쉬운 점이다. 그러다 보니 노년층들과는 의사소통이 전혀 이뤄지지 않으면서 잘 부딪히게 된다.

게으름은 미덕이 아니다

로마의 정치가이자 학자, 작가였던 키케로는 말했다.

"진정 자유로운 사람이란 언젠가 한번쯤은 그냥 아무것도 하지 않고 빈둥거릴 수 있는 사람이다."

틀린 말은 아니다. 바쁜 현대인들일수록 키케로의 말처럼 어쩌다 한 번쯤은 진정한 휴식과 자유가 필요하다. 다만 그 게으름이 만성이 되어 서는 결코 멋진 인생을 성공하는 삶을 기대할 수 없다.

달팽이와 함께 우물가에 살고 있는 토끼, 원숭이, 개구리는 사이좋은 한동네 친구들이었다. 그들은 모두 달팽이를 좋아했다. 토끼는 마라톤 연습을, 원숭이는 나무타기 연습을, 개구리는 멀리뛰기 연습을 같이 하 자고 달팽이에게 말했다. 그러나 달팽이는 고개를 절레절레 흔들며 거 절했다.

"마라톤은 고통스럽고, 나무타기와 멀리뛰기도 힘들어. 난 돌 틈에서 지내는 게 제일 좋아. 바람도 안 들어오고 햇볕도 뜨겁지 않고, 무엇보다 마음이 너무 편해."

세월은 유수와 같이 흘러 눈 깜짝할 사이에 반년이 지났다. 힘든 훈련을 통해 토끼는 마라톤 최우수 선수, 원숭이는 나무타기 명수, 개구리는 촉망받는 멀리뛰기 선수가 되었다.

고통스럽고 힘든 것을 싫어하던 달팽이는 마라톤, 나무타기, 멀리뛰기 어느 것 하나도 잘하는 게 없었고, 오로지 꾸물거리며 기어가는 것밖에 할 줄 몰랐다. 신체적인 특징이 다르다는 사실을 차치하더라도 달팽이는 게으르고 놀기 좋아하는 본성 때문에 결국 아무것도 배우지 못한 것이다.

생명은 유한하고 순식간에 지나가버린다. 중국의 주자청은 그의 작품 「총총」에서 세월의 흐름과 그에 대한 인간의 무력함을 '손 씻고 밥 먹고 침묵하는 순간에도 세월의 수레바퀴는 돌아가고 있다. 세월의 흐름을 막아보려고 손가락을 펼치면 세월은 또 우리 손가락 사이로 유유히 빠져나가 버린다.'는 말로 묘사했다.

생활 속에서 사람들은 시간을 아끼지 않고 편한 것만 찾다가 만성적인 심각한 게으름이 몸에 배어 고칠 수 없게 된다. 게으름은 반드시 고쳐야 한다. "하루의 계획은 아침에 있고, 1년의 계획은 봄에 있고, 근면은 일생의 운명을 좌우한다."라는 공자의 명언을 명심하자.

근면은 우리가 인생을 살아가는 데 필요한 기본 자세이며, 우리를 당당하게 세우고 진취적으로 만들어줄 정신적 지주이다. 단, 심혈을 기울여야 진정한 즐거움을 얻게 될 것이다. 근면하고 게으름을 경계해야만 일의 기초를 세우고 다질 수 있으며, 인생의 금자탑을 세울 수 있다.

어느 철학자는 말했다.

"운명은 자신이 개척해나가는 것이며, 게으른 자는 그 대가를 지불하게 될 것이고, 근면한 자는 행복과 성공을 얻게 될 것이다."

조건이 어떻든 어떤 환경에 처해 있든 무슨 일을 하든 노력하고 착실히 해나간다면 성공과 명예를 얻게 될 것이다.

일생에서 잠깐 부지런하기란 그리 어렵지 않다. 진정 어려운 일은 평생 노력하고 고생을 마다하지 않으며 원망을 두려워하지 않는 것이다. 성공한 사람들의 일생을 살펴보면 부지런히 창조하고 어떤 시련에도 굴하지 않는 불굴의 의지를 엿볼 수 있다. 어느 유명한 기업가는 7년간의 수습기간 동안 사장님의 지도하에 점차적으로 근면한 습관을 길렀다. 그리고 그 근면을 바탕으로 다른 사람들이 어려워하는 일을 꺼리지 않고 오히려 즐겼다. 그는 평생 '근면'이라는 두 글자를 잊지 않았다. 그리고 평생 '근면'을 최고 자산으로, '진취'를 성공의 열쇠로 여겼다.

근면은 평생 동안 매일 무슨 일이든 꾸준히 하는 것이다. 진취는 세상을 살아가면서 부단히 자신을 발전시키고 풍부하게 하는 것이다. 그리고 자기 개발을 위해 새로운 지식을 늘리는 데 노력하고 새로운 문제를 사고하는 것이다. 또 비즈니스에서 날마다 새로운 변화를 추구해나가는 것이다. 즉, 끊임없이 자신을 부정하고 자신을 초월하고 새로운 인생 목표를 위해 전진하는 것이다.

완벽주의만이
최선책은 아니다

"그 사람 너무 완벽주의자야. 그래서인지 인간미라곤 찾아볼 수가 없어. 한 마디로 숨 막혀. 차라리 어디 한 구석 조금 부족하더라도 인간적인 사람이 좋아."

주변 사람들에게서 이런 푸념 한번쯤은 들어봤을 일이다. 인간은 결코 완벽한 존재일 수는 없다. 그럼에도 불구하고 지나치게 완벽주의를 지향하는 사람들이 있다. 완벽성을 추구하는 자체가 나쁜 것은 아니지만 자신의 이 같은 성향이 주변사람들을 힘들게 한다면 마냥 칭찬해 줄 수도 없는 것이다.

한 화가가 역대의 이름난 화가들을 뛰어넘는 훌륭한 작품을 완성하겠다고 공언했다. 그는 작품 속에 인류 최고의 지혜를 녹여내기 위해 자신을 화실 속에 가두고 세상과 단절한 채 살았다. 그러나 그가 세상을 떠날 때까지도 그의 작품은 발표되지 않았다. 그가 세상을 떠난 후 사람들은 그의 화실을 정리하다 큰 천으로 덮여 있는 이젤을 발견했는데, 그들은 그게 바로 화가가 그동안 심혈을 기울여 준비해온 대작이 아닐까 생각했다. 떨리는 가슴으로 천을 벗겨낸 그들은 눈앞에 펼쳐진 광경에 할 말을 잃었다. 아무런 스케치도 없었기에 도저히 그림이라 볼 수 없었다. 그저 갖가지 물감이 잔뜩 묻은 천 조각에 불과했고 기껏해야 팔레트라고밖에 생각할 수 없었다.

화가들 중에는 그릴 때 계속해서 수정을 해야 완벽한 작품이 나온다고 생각하는 작가들이 있다. 그들은 늘 자신의 그림을 인정하지 않고 캔버스 위에 끊임없이 덧칠하고 고치며 일생의 정력을 소모한다. 이것이 바로 완벽주의가 빚어낸 결과다. 완벽주의자들, 그들의 사전에는 대충이라는 말이 없으며 매사 자신에 대한 요구가 너무 높아 지나칠 정도로 노력한다. 하지만 이런 심리는 완벽하게 해내지 못할지도 모른다는 두려움을 낳고 그 때문에 오히려 아무 일도 해내지 못할 수도 있는 것이다.

현실에서 완벽을 추구하는 사람들은 많다. 그들은 더없이 완벽한 일에도 이것저것 흠을 잡고 억지로 트집을 잡기도 한다. 어떤 일에도, 누구에게도 만족하지 못하고 늘 쓸데없는 고민에 빠진다. 완벽은 인간에게 적용되는 기준이 아니며, 이 세상에 완벽한 경지에 오를 수 있는 사람이나 일은 없다. 대다수의 완벽주의자들이 유일하게 인정하는 것은 순조롭게 이룬 성공밖에 없다. 그들은 실패할 가능성이 있을지도 모르는 일은 하려 하지 않기 때문에 새로운 시도를 두려워한다. 첫 시도에서 실패하면 자신에게 실망하고 자신을 실패자라 생각하여 노력하는 것을 포기해버리기 때문이다. 자신에게 터무니없는, 소위 완벽이라는 기준을 적용할 필요는 없다. 단지 모든 일에 그저 최선을 다하면 된다.

완벽주의에 빠지면 지나치다 싶을 만큼 아주 세세한 부분까지도 신경을 쓴다. 세세한 부분까지도 신경 쓸 수 있다면 어떤 분야든지 잘 해낼 것이다. 예를 들어 코디네이터와 회계사들은 세심한 데까지 신경을 써야 한다. 그렇다고 어떤 경우에도 세심해야 한다거나 세심함이 늘 중요하다는 것은 아니다. 지나치게 세심하면 일의 진척이 느려질 것이고, 타인과 허물없이 터놓고 지내기도 어려울 것이다. 완벽을 추구하기 때문에 자신의 생각을 고집하게 될 것이고, 자신의 방법만이 옳다고 생각하게 될 것이다. 다른 사람의 생각을 들을 수 있는 기회를 잃게 되고, 심지어 자신의 생각을 다른 사람에게 강요하기 때문에 함께 일하는 사람은 스트레스를 받게 될 것이다.

2차세계대전을 승리로 이끈 영국의 지도자 윈스턴 처칠은 '완벽이라는 말 자체는 그럴 듯하지만 전혀 도움이 되지 않는다.'라고 했다. 맞는 말이다. 세상에 완벽한 일은 없다. 완벽주의는 자신은 물론이고 타인까지도 속박할 수 있다. 우리는 완벽주의의 속박에서 벗어나는 법을 깨달아야 한다.

과거에 집착하지 마라

치매는 현대의학에서도 해결하지 못하는 무서운 질병으로 불린다. 특히 치매는 가족이나 그를 돌보는 사람들이 더 힘들고 고통스럽다고 한다. 하지만 반대로 치매 환자 당사자는 기억을 하지 못하기 때문에 행복하다는 얘기도 있다. 물론 치매환자가 되는 것은 불행한 일이다. 다만 현실을 잊어버릴 수 있다는 그 자체가 때로는 행복할 수 있기 때문이라는 생각에서 나온 말이다.

절망에 빠진 한 여자가 자살을 하려고 막 강으로 뛰어들려고 할 때, 한 노인이 그녀를 말리며 물었다.

"아가씨, 올해 몇 살이지?"

"스무 살이에요."

"아가씨, 난 곧 90이 되는데 삶이 즐겁기만 해. 그런데 아가씨는 그

나이에 무슨 고민이 그리 많아?"

"남자 친구랑 헤어졌어요. 전 정말 더 이상 살고 싶지 않아요. 아마
이해 못하실 거예요."

노인은 울고 있는 그녀를 타이르며 말했다.

"내가 왜 몰라? 나도 아가씨만 할 때는 사랑 때문에 죽을 결심까지 했
던 적이 있었지. 그땐 나도 아가씨처럼 이별의 아픔을 영원히 잊을 수
없을 거라고 생각했어. 하지만 지금 나는 무척 행복해. 아가씨가 보기
엔 내가 행복해 보이지 않아? 이제는 그때 나를 버린 그녀가 누군지 생
각조차 나지 않는다네."

여자는 많이 진정됐는지 눈물을 닦으며 물었다.

"그럼 할아버지는 그분을 언제쯤 완전히 잊게 되었나요? 그리고 언제
쯤 가슴이 아프지 않게 됐나요?"

노인은 한참 생각하더니 추억에 잠긴 듯 말했다.

"재작년 겨울쯤일 거야."

노인이 말을 마쳤을 때는 '풍덩' 하는 소리만 들려올 뿐 이미 여자의
모습은 보이지 않았다. 잊는 데 그렇게 긴 시간이 걸린다는 사실을 알
게 된 여자는 견딜 수가 없었던 것이다.

우습게 들리지도 모르겠지만, 우리는 이 이야기를 통해 한 가지 깨달
음을 얻을 수 있다. 그것은 바로 때로는 잊을 수 있는 것이 가장 큰 행
복이라는 사실이다. 여자가 이 점을 깨달았다면 그렇게 쉽게 삶을 포기
하지는 않았을 것이다.

인간은 과거를 그리워하는 동물이다. 과거를 추억하고 그 추억에 잠

겨 너무도 많은 시간과 에너지를 낭비한다.

과거를 바꾸지 못하고 과거의 무거운 짐에서 벗어나지 못한다면, 몸은 현재에 있으면서도 마음은 과거에 머물게 되어 일상은 암울하게 변할 것이다.

과거를 잊지 못하고 과거에 얽매여 있다면 이는 결국 자신을 막다른 골목에 이르게 할 것이고 영원히 새로운 삶은 살 수 없을 것이다.

그렇다면 대체 무엇이 우리를 이처럼 과거에 집착하도록 만드는 것일까? 잊을 수 없는 과거에는 과거의 실패와 과거의 아름다운 추억, 그리고 시대에 부합하지 않는 미풍양속 등 세 종류가 있다. 이러한 것들은 마음속에 깊이 새겨진다. 우리는 이미 과거가 된 실수를 계속해서 곱씹으며 자신을 괴롭히고, 나쁜 일이 자신에게 일어나지 않기를 바라며, 끊임없이 "왜?"라고 묻는다. 영원히 결과도 없고 아무 의미도 없는 의문 속에서 헤어나지 못한다. 또 때로는 다시 발생하지 않을 일의 해결책을 생각하고 다시 일어나지 않을 대화를 연습하곤 한다.

우리가 기억과 관련하여 한 가지 명심해야 할 진리가 있다. 과거를 완전하게 잃는 것은 불가능한 일이며 과거를 완전하게 망각한다면 다시 실수와 상처를 스스로 만들어 갈 수밖에 없다는 것이다. 단 과거가 기억날 때에 그 기억에만 집착하지 말고 새로운 기억들을 채워가야 한다. 또 아픈 기억들은 새로운 다짐과 각오를 다지는 발판으로 삼고 행복하고 즐거웠던 기억은 내일과 미래로 이어가는 것이다.

남을 돕는 것이
곧 나를 위한 길이다

공자의 사상에서 '인(仁)'은 가장 근간이 되는 요소다. '어질 인'으로 풀이되는 이 한자는 '자애롭다' 또는 '인자하다'는 뜻으로 해석되지만 실제 공자가 전한 '인(仁)'의 참뜻은 '상대를 아름답게 해주는 것'이었고 아름답게 해준다는 것은 곧 상대를 잘되게 도와주라는 의미를 담고 있다.

누군가에게 천당과 지옥을 직접 체험해 보고 미래의 삶의 방식을 결정할 수 있는 기회가 주어졌다.

그는 먼저 악마가 지키는 지옥을 둘러보고 그곳의 모습에 큰 충격을 받았다. 사람들이 모두 테이블 앞에 앉아 있었고 테이블 위에는 고기에서부터 과일, 채소에 이르기까지 산해진미가 잔뜩 차려져 있었다.

그가 유심히 사람들의 표정을 살폈는데 이상하게도 웃고 있는 사람이

단 한 명도 없었다. 흥을 돋우는 음악도 웃고 떠드는 즐거운 분위기도 찾아볼 수 없었다. 테이블 앞에 앉아 있는 사람들은 하나같이 우울하고 무기력해 보였으며 심하게 야위어 피골이 상접해 있었다. 그들의 오른팔에는 나이프가, 왼팔에는 포크가 묶여 있었는데 손잡이의 길이가 무려 2미터나 됐다. 그래서 음식이 가까이 있어도 먹을 수 없어 계속 굶주려야 했다.

천당도 지옥과 마찬가지로 똑같은 음식에 손잡이가 2미터나 되는 나이프와 포크가 있었다. 그러나 천당 사람들은 배불리 먹고 마시며 즐겁게 지내고 있었다.

그는 두 곳을 보고 나서 한 가지 의문이 생겼다. 똑같은 상황인데 결과가 왜 다른지 도무지 이해할 수가 없었던 것이다. 하지만 그는 곧 해답을 알게 되었다. 지옥 사람들은 그저 어떻게 해서든 자기만 먹으면 된다는 이기적인 생각이 가득한데다 나이프와 포크는 쇠사슬로 묶여 있어 쓸 수 없었고, 게다가 길이까지 2미터나 돼 스스로 음식을 먹는 일은 꿈도 꿀 수 없었다. 그런데 천당 사람들은 서로 도와가며 마주 앉은 사람에게 음식을 먹여주었다. 서로를 돕다보니 결과적으로 자신을 돕는 길이 되었던 것이다.

천당과 지옥은 환경을 비롯해 음식, 포크, 나이프 등 주어진 상황도 완전히 같았다. 한쪽은 지옥, 다른 한쪽은 천당이 되어버린 이유는 양쪽 사람들의 사고방식의 차이 때문이다.

지옥 사람들은 자신이 손에 들고 있는 나이프와 포크로 오로지 자신만을 생각했지만, 천당 사람들은 서로 도움을 주고

받음으로써 결국은 자신을 돕게 되어 행복하고 즐거운 생활을 할 수 있었다.

남을 돕는 것은 즐거운 일이다. 누군가 도움을 원하거나 도움이 필요하다는 사실을 먼저 알아차려 상대에게 도움을 주는 것은 아주 멋진 일이다. 그리고 자신의 도움을 받은 누군가가 만족해 한다면 자신 역시 행복해질 것이다.

어떤 사람들은 남을 도울 때 자신을 어느 정도 희생해야 한다고 생각한다. 예를 들어 남의 일을 도왔을 때 자신의 체력과 에너지, 그리고 시간을 낭비했다고 생각한다. 그것이 과연 희생일까? 자신의 노력이나 땀으로 인해 다른 사람의 어려움이 해결됐다면 그보다 보람된 일이 어디 있겠는가.

세상에 어려움을 단 한 번도 겪어보지 않은 사람은 없다. 아기였을 때 어린이었을 부모나 다른 누군가의 도움 없이 어떻게 성장할 수 있겠는가?

남을 돕는 일은 결코 자신을 희생하는 일이 아니다. 하지만 남을 많이 도울수록 자신도 더 많은 것을 얻게 되는 법이다. 경쟁에서 상대를 누르고 자기만 살아남으려던 기업들이 언제부터인가 상생을 의미하는 '원원(Win Win) 효과'를 강조하고 나섰다. 나만 잘되는 것이 아니라 함께 잘돼야만 한다는 것이다.

그런 것이다. 세상의 이치를 좀더 깊이 따져본다면 그 이유를 잘 알 수 있다. 우리는 나 혼자만이 아니라 함께 다 같이 잘 살고 행복해야 한다. 어느 누구 혼자만 잘 먹고 잘 사는 사회와 조직은 독재와 불평등의 세계로 치닫는 일이다.

개인의 발전은 자신의 능력만으로는 어느 정도 한계가 있다. 자신의 성공을 위해 남의 도움도 받고 남의 성공도 도와야 한다. 사람은 누구나 인생의 목표를 이루고 싶어 하는데, 남과 서로 도움을 주고받으며 함께 발전해나가는 것이 가장 빠른 길이며 가장 효과적인 방법이다. '남을 돕는 것이 곧 나를 위한 길이다.' 는 말은 인생을 살아가는 지혜로운 처세술 중 하나다.

인생의 목표를 높게 잡아라

역사는 우리에게 많은 것을 가르쳐준다. 예를 들어 과거 중국은 동양의 대제국이었고, 한때 세계 사람들도 중국을 동경했으며, 중국인 자신들도 조국을 자랑스럽게 생각했다. 그러나 세계가 발전하고 세계 열강들이 중국의 개방을 주의하고 있었음에도 당시의 청나라 정부는 나라를 개방하지 않았다. 우물 안 개구리처럼 세상을 모른 채 스스로를 강대국이라 자처하며 발전을 위한 노력을 하지 않았다. 그 결과 침략자에 의해 영토가 분할되고 세계의 흐름에서 뒷전으로 밀려나야 했다. 현대사회는 치열한 경쟁사회다. 생존경쟁에서 스스로의 발전을 위해 노력하지 않는다면 국가든 개인이든 밀려나고 처지게 된다.

어느날 종달새가 하루 종일 나뭇가지 위에서만 폴짝폴짝 뛰어다니는 참새를 보고 물었다.

"참새 아줌마, 왜 더 높이 날지 않으세요?"

참새는 종달새를 흘끗 쳐다보고는 대답했다.

"내가 높이 날지 못한다고? 수탉을 보면 그런 말이 안 나올 거야."

종달새는 수탉을 찾아가 물었다.

"수탉 아저씨, 아저씬 왜 더 높이 날지 않으세요?"

수탉은 오만하게 지붕 위에서 팔자걸음을 걸으며 되물었다.

"내가 높이 날지 못한다고? 메추라기가 나는 것을 한번 보렴."

종달새는 이번엔 메추라기를 찾아가 같은 질문을 했다. 그러자 메추라기는 힘껏 풀숲에서 뛰어오르며 의기양양하게 말했다.

"내가 높이 날지 못한다고? 넌 두꺼비도 못 봤니?"

훗날 종달새는 독수리를 만나 물었다.

"독수리 아저씨, 아저씨는 왜 그렇게 높이 나세요?"

"아니, 전혀 높지 않아. 창공까지 날아가려면 아직도 멀었단다."

독수리는 겸손하게 말했다.

그제야 종달새는 무언가를 깨달았다는 듯이 고개를 끄덕였다. 그리고 혼잣말로 외쳤다.

'날개를 활짝 펴고 더 높이 날기 위해선 목표를 낮게 잡아서는 안 되겠어! 목표를 낮게 잡으면 영원히 창공과 구름 속을 날지 못할 거야.'

참새와 수탉, 메추라기는 눈높이를 아래에 두고 자신보다 못한 상대와 비교했기 때문에 늘 자신이 높이 날고 있다고 생각했지만, 원래부터 높이 날고 있던 독수리는 아직도 더 높이 날아야 한다고 겸손해 했다.

참새, 수탉, 메추라기처럼 오늘에 안주한 채 만족하며 살아가는 사람들이 의외로 많다. 그들은 '난 대단해, 누구누구를 보라고, 그보다는 내가 낫지.' 라고 생각하며, 그 결과 자신이 보잘것없는 수준이라는 것도 깨닫지 못하고 안일하게 대충대충 살아간다. 눈높이를 낮춘 사람들은 끊임없이 자신보다 못한 상대하고만 자신을 비교하게 된다.

세상은 빠르게 변화하고 갈수록 경쟁은 치열하다. 미래 목표와 계획을 세워 변화하는 세상에 대처하고 적응하지 못한다면 결국 도태되고 만다. 현실에만 안주하고 진취적이지 못한 사람들이 바로 그 불운의 주인공이 될 확률이 높다. 남보다 한발 앞서가는 사람이나 기업들은 늘 미래를 미리 준비한다. 미리 그리고 멀리 높게 내다보는 자가 성공에 한발 더 가까이 다가서는 것은 당연한 것이다.

때로는 삶 속에서 자신의 힘으로는 도저히 바꿀 수 없는 현실과 불가항력적인 요소에 부딪치게 된다. 그럴 때는 빨리 포기하고 '아Q정전'의 아Q처럼 마음을 다스리는 것도 좋지만 노력을 통해 바꿀 수 있는 현실과 싸우는 것을 포기해서는 안 된다. 기존의 성과에 안주하지 말고 전진할 목표를 높이 잡아야 한다. 이렇게 해야만 더 높이 날 수 있고 아래로 추락하지 않는다.

권위를 맹신하지 마라

우리는 권위 있는 사람의 말이라고 맹목적으로 믿었다가 종종 우스운 꼴을 당한다.

어느날 동물의 왕 사자가 다른 많은 동물들 앞에서 다람쥐를 칭찬했다. 사자는 다람쥐가 체구는 작지만 비상한 재주를 가지고 있으므로 자신을 제외하고는 그와 견줄 만한 동물이 없다고 말했다. 까마귀나 당나귀 입에서 나온 말이라면 믿지 않았겠지만 사자 대왕의 입에서 나온 말이었기 때문에 다른 동물들은 그 말을 곧이곧대로 믿었다.

사자의 말 때문에 숲 속의 동물들은 다람쥐를 두려워하기 시작했다. 평소 다람쥐를 원수처럼 여기던 동물들까지 찾아와 그간의 묵은 감정은 씻고 친하게 지내자며 먼저 화해의 손길을 내밀었다. 지금까지 다람쥐를 무시하고 골탕 먹였던 늑대도 그에 대한 경외심이 생겼다. 심지어 아기 늑대가 늦게까지 자지 않고 놀려고 할 때면 엄마 늑대는 겁을 주려고 다람쥐의 이름을 들먹였다.

"자꾸 말 안 들으면 다람쥐에게 이를 거야."

아기 늑대는 그 말을 들으면 너무 놀라 순한 양처럼 굴었다.

어느날 저녁, 아기 늑대는 혼자 숲 속을 지나 집으로 돌아가고 있었다. 배에서 꼬르륵 소리가 날 정도로 허기진 아기 늑대는 나무숲에서 작은 동물의 움직임을 느꼈다. 그래서 엄마 늑대에게서 배운 사냥기술을 이용해 힘껏 덮쳤다. 나무숲 속에 무방비 상태로 있던 다람쥐는 비명조차 질러보지 못한 채 아기 늑대의 한 끼 식사가 되어버렸다.

다음 날, 동물들이 모여 다람쥐가 실종됐다며 웅성거리고 있었다. 아기 늑대는 그제야 자기가 어젯밤에 잡아먹었던 작은 동물이 다람쥐였다는 사실을 깨달았다.

아기 늑대는『벌거벗은 임금님』에서 임금님이 아무것도 걸치지 않았다고 말한 어린아이처럼 우연하게 위엄의 가식적인 면을 벗겨냈다.

원래 작은 실수에 불과한 사실도 대중의 집단적인 종용과 지지 속에서는 그 자체가 가진 능력 이상의 영향력을 가지게 된다. 이런 일들은 우리 주변에서 흔히 일어나고 있다. 오랫동안 고민해서 얻은 결론에 대해 권위자로부터 '틀렸다' 라는 말을 들었다면 누구나 반신반의할 것이다.

그러나 다른 권위자에게도 똑같은 대답을 들으면 완전히 자신이 내린 결론을 부정하고 포기해버릴 것이다. 대부분의 사람들은 자신의 생각에 문제가 있는 것으로 여길 뿐 권위자들이 틀릴 수도 있다는 생각은 하지 않기 때문이다.

일반적으로 사람들은 권위자에게 의존하는 경향이 있어 그들의 말을 진리처럼 여긴다. 사람들은 권위자에 대해 경외심을 갖고 있지만, 우리가 잊지 말아야 할 점은 권위자도 사람이고, 사람이면 누구나 단점이 있고 실수도 한다는 사실이다.

권위자를 맹목적으로 믿어버리면 자신이 알고 있는 지식이 뒤죽박죽되고, 판단의 기준도 흔들리게 될 것이다.

모든 일에는 양면성이 있기 마련이다. 권위는 확실히 우리의 시간과 노력을 덜어주었다. 기하학에 대해 알려면 처음부터 다시 연구할 필요 없이 아르키메데스의 원리를 배우면 된다. 날씨를 알기 위해서는 구름을 관찰할 필요 없이 일기예보를 들으면 된다.

그러나 권위를 맹신하고 맹종하다 보면 우리는 주체적인 사고력을 잃게 될 것이다. 그렇기 때문에 권위가 사라지면 어찌할 바를 몰라 우왕좌왕하는 것이다.

독일의 철학자 니체의 저서 『차라투스트라는 이렇게 말했다』에서 주인공 차라투스트라는 자신의 제자와 숭배자들에게 말했다.

"너희는 십 년을 하루같이 진심으로 나를 따랐고 나의 학설에 대해 아주 깊이 이해하게 되었다. 그런데 너희는 왜 내 머리 위의 화관을 벗겨버리지 않느냐? 왜 나를 따르는 것을 모욕으로 느끼지 않느냐? 왜 나를 사기꾼이라고 욕하지 않느냐? 나의 화관을 벗겨버리고, 나를 수치스럽게 여기고, 나를 사기꾼이라 생각하고, 부정할 때 너희가 진정으로 나의 학설을 이해한 것이다."

그의 훌륭한 몇 마디에 우리는 위대한 철학자에 대한 경외심을 느낀다. 그 자신이 권위자이면서도 제자들에게 용감히 권위를 타파하고 도전하라고 가르쳤기 때문이다. 다만 권위를 맹목적으로 믿어서는 안 되며 권위에 도전해야 한다고 주장하지만 모든 권위를 부정하자는 말은 결코 아니다. 단지 권위 앞에서 이성적이고 주체적으로 사고하자는 것이다. "나는 스승을 사랑한다. 하지만 진리를 더 사랑한다."는 고대 그리스 명언은 이 같은 진리를 잘 설명하고 있다.

생각을 멈추고 돌진하라

　오늘날과 같은 정보화 사회는 속도와 효율을 중시한다. 이런 상황에서는 먼저 행동해야 승리하고, 먼저 행동해야만 생존할 수 있다. 성공하는 기업들의 특징 중 하나가 미래 시장을 주도할 새로운 아이템을 찾아 시장을 선점하는 것이다. 이는 '먼저 전투에 임하고 나중에 작전을 세우라.' 던 나폴레옹의 명언과도 그 맥락을 같이 한다. 한마디로 망설이거나 주저하지 말라는 뜻이다.

　시썬이라는 중국의 교수는 '당대 유명인들의 일화' 를 글거리로 소설을 쓰고 싶었다고 한다. 글의 주제가 재미있고 독특해서 사람들의 호기심을 자극하기에 충분했다. 그리고 시썬 교수는 글 솜씨가 뛰어났기 때문에 가까운 지인들은 그의 책이 출판되기만 하면 부와 명예를 동시에 거머쥘 거라고 말했다. 5년이라는 세월이 흘러 한 친구가 시썬 교수와 이야기를 하던 중, 문득 그 소설이 생각나서 물었다.

"시썬, 언제쯤 소설이 완성되나?"

시썬 교수는 지금까지 그 일을 까마득히 잊고 있다가 그제야 생각났다는 듯 말했다.

"아차, 그런 일이 있었지! 근데, 어쩌나. 여태껏 단 한 줄도 쓰지 못했네!"

친구는 교수의 말을 믿을 수 없었다.

시썬 교수는 친구의 의아한 표정을 보고 재빨리 변명했다.

"너무 바빴어. 그것보다 급한 일이 있어서 쓸 시간이 정말 없었다네."

시썬 교수가 차일피일 미루는 동안 누군가는 이미 같은 테마의 글을 쓰고 있을지도 모를 일이다. 아니 쓰고 있다고 해도 거짓말은 아닐 것이다. 사람들의 생각은 비슷 비슷하기에 자칫 게으름을 피우다가는 2등으로 밀려나는 일이 비일비재하기 때문이다.

일은 제때 해야지 미뤄서는 안 된다. 새로운 사업을 시작하고자 하는 사람들은 일을 미루려는 인간의 게으른 본성부터 극복해야 한다. 그런 본성이 행동을 방해한다. 결심이 섰으면 즉각 행동으로 옮기는 것이 성공의 지름길이다. 사람들은 일을 할 때 꾸물거리며, 아직 시간이 많이 남았으니 내일 해도 늦지 않는다고 생각한다. 그러나 계속 차일피일 미루다 보면 일은 끝없이 지연되기 마련이다.

역사를 돌아보면 위대한 인물들은 평생 시간과 전쟁을 벌였다는 사실을 알 수 있다. 성공한 사람들은 결코 내일까지 일을 미루는 법이 없고 내일이 오기 전에 모든 일을 마무리 지으려고 애쓴다. 그들은 오늘 최대한 할 수 있는 만큼 일을 한 후 내일도 이어서 계속한다. 이런 태도가 그들을 성공에 이르게 했다.

생명의 강에는 한 번 지나가면 다시 오지 않는 세월의 파도가 끊임없이 몰아치고 있다. 그것은 우리를 편안한 안식처로 데려다주기도 하고 암초에 부딪치게도 하며, 난파시켜 험한 여울로 흘러 들어가게도 한다. 세월의 파도를 다스리지 못하고 정처 없이 표류하겠는가, 아니면 파도의 리듬을 파악해 훌륭한 항해사가 되겠는가? 자신이 흠모하는 여자에게 구애하는 남자가 많다면 당신은 행동으로 마음을 고백할 것인가 아니면 주저하며 그녀가 자신을 바라봐주기만을 기다리겠는가? 마음이 있고 생각을 하고 있다면 이제 필요한 것은 행동이고, 실천이다. 나중에 후회하느니 차라리 한번 시도해 보는 게 낫다.

경쟁이 치열한 스포츠 경기가 있다고 하자. 이러한 상황에서 어떻게 하겠는가? 지레 겁을 먹고 물러설 것인가? 아니다. 겁먹지 말고 일단 도전해야 한다. 그렇게 하면 승리하거나, 꼭 그렇지 않더라도 실전 경험을 쌓을 수 있다. 앞을 향해 나아가면서 행동으로 자신의 목표를 실천하는 것이 가장 현명한 방법이다. 행동해야만 정상적인 궤도를 달릴 수 있고 나아가 기적을 창조할 수 있다.

고민하는 데 시간을 낭비하지 마라. 고민은 문제를 해결하는 데 도움이 안 될 뿐만 아니라 오히려 근심만 더해 주기 때문이다. 적극적으로 해결 방법을 찾은 후 온 힘을 다해 행동으로 옮기다 보면 언젠가 성공의 길을 걷고 있게 될 것이다. 미루지 마라. 일단 행동할 시간이 되면 생각을 멈추고 돌진하라. 그렇게 해야만 기회를 잡을 수 있고 행동할수록 용기가 생겨 끝까지 실천할 수 있다.

의미없는 논쟁은
소모적인 싸움이다

같은 문제라도 사람마다 견해가 다를 수 있다. 그럼에도 불구하고 어떤 사람들은 자신의 욕구를 채우기 위해 자신의 생각대로 일을 하자고 주장한다. 그 결과 논쟁이 벌어진다. 막무가내식 논쟁은 파괴적인 일이며 인성의 단점 중 하나다. 끝없는 논쟁은 시간과 에너지를 낭비하게 할 뿐만 아니라 근본적인 문제 해결에도 전혀 도움이 되지 않는다. 논쟁은 다른 사람의 생각을 바꾸기는커녕 오히려 자신의 생각을 더욱 고집하도록 만든다.

숲 가운데 강이 있었다. 사자는 강을 사이에 두고 사는 동물들이 좀더 편하게 왕래하고 교역할 수 있도록 다리를 짓기로 했다. 모든 동물들과 함께 이 일에 대해 논의하기 시작했다.

"다리는 튼튼해야 합니다. 콘크리트로 다리를 만들어야 합니다."

코끼리가 의견을 말하자 토끼가 이를 반대하며 말했다.

"그건 안 되죠. 다리를 콘크리트로 만들다니요. 다리는 깜찍하고 예뻐야 해요. 그런 다리를 만들려면 재료들도 그 조건에 부합해야 하고요."

자신이 말할 차례를 기다리다 지친 당나귀가 짜증 섞인 말투로 말했다.

"다들 그만 하세요. 이런 사소한 문제로 시간 낭비할 게 아니라 핵심적인 문제를 이야기해야죠. 우리가 만들 다리는 제방을 따라 놓을 건가요, 아니면 강을 가로질러 놓을 건가요?"

"바보, 그걸 질문이라고 하는 거야? 다리는 당연히 강을 가로지르지. 강을 따라 놓으면 그게 다리야?"

"제 생각엔……."

"제 생각엔……."

"제 생각엔……."

모든 동물들이 저마다 의견을 주장하고 나섰고, 논쟁만 되풀이하는 바람에 결국 다리는 아예 짓지도 못했다.

우리 주변의 논쟁들 중에는 알고 보면 이익과 직접 관계된 것도 아니며, 논쟁할 필요가 전혀 없는 아주 사소한 일들이다. 이야기 속의 동물들도 마찬가지다. 그들은 문제의 핵심을 비껴난 부수적인 문제에 대해서만 열띤 논쟁을 벌였다. 그 결과 공허한 주장들만 난무했다. 이런 논쟁이 무슨 의미가 있는가?

지혜로웠던 프랭클린은 논쟁에서 가끔 승리할 수 있으나 그런 승리는 아무런 의미도 없으며 인생에 전혀 도움이 안 된다고 말했다. 논쟁에 영원한 승자는 없다. 논쟁에서 우위를 점했든 아니든 본질적으로는 모두 패한 것이다.

논쟁에서 다른 사람이 더 이상 반박하지 못하도록 만들었다고 해서 무엇이 남겠는가? 잠시 즐거울 수는 있으나 자존심이 상한 상대방은 당신에게 앙심을 품을 것이다.

따라서 다른 사람과 논쟁할 때 말로써 승리할 것인지 아니면 상대를 진정으로 납득시킬 것인지 잘 생각해야 한다.

성공하려면 사소한 논쟁으로 시간을 낭비해서는 안 된다. 비중이 똑같은 일로 서로 논쟁한다면 상대에게 양보하는 것이 현명하다. 설령 자신의 생각이 옳다고 생각되더라도 말이다.

열등감!
벗어나면 된다

동서고금을 막론하고 열등의식을 극복하고 성공한 예는 많다. 프랑스의 초대 황제이자 정치가이며 군사 전문가인 나폴레옹은 젊은 시절 키가 작고 집안이 가난하다는 열등감이 있었다.

실존주의 철학자이자 작가인 사르트르는 두 살 때 아버지를 여의었고, 왼쪽 눈은 사시였으며, 오른쪽 눈은 실명했다. 그는 부모를 여의고 신체장애를 가졌다는 이유로 심각한 열등감에 빠졌었다.

일본의 저명한 기업가인 마쓰시타 고노스케는 네 살 때 집안이 몰락하여 아홉 살 때 학업을 포기하고 돈을 벌어야 했으며, 열한 살 때는 아버지마저 잃었다.

하지만 그들은 열등감 때문에 자신을 포기하지는 않았고, 오히려 그것을 자신을 채찍질하는 원동력으로 삼아 운명을 바꾸어, 결국 성공했다.

인생에서 열등감은 아무런 도움이 되지 않는다. 오히려 인생을 망치는 요소로서 자신 스스로가 만들어낸 인생의 장애물이나 다름없다.

달팽이는 늘 자신을 아무것도 잘하지 못하는 하찮은 존재로 여겼다. 그래서 그는 나비와 꿀벌조차도 제대로 쳐다보지 못했다. 세월이 흐르면서 달팽이는 세상과 완전히 담을 쌓고 살았고, 주위에서 무슨 일이 생겨도 전혀 관심을 보이지 않았다. 매사 그런 식이었기 때문에 다른 동물들도 그의 존재를 의식하지 못했다.

그러던 어느날 지렁이 한 마리가 땅 위로 기어 올라와 개미에게 해질 무렵 폭우가 쏟아질 것이라고 알려주었다. 개미는 서둘러 이 사실을 숲 속 친구들에게 알려 만일을 대비하도록 했는데, 달팽이에게만은 이를 알리지 못했다. 해질 무렵, 정말로 폭우가 쏟아졌다. 폭우에 대비해 아무런 준비도 하지 않았던 달팽이는 산꼭대기에서부터 흘러내려온 빗물에 휩쓸려 산 아래로 떠내려갔다. 그때 바위에 부딪치고 찢겨 온몸은 만신창이가 되었다.

지렁이는 달팽이가 다친 것을 알고 난 뒤 그에게 말했다.

"열등감에서 벗어나지 못하고 계속 그런 식으로 살아가다가는 앞으로 더 위험한 일에 처하게 될지도 몰라!"

달팽이는 그 말을 듣고 깊은 생각에 빠졌다. 불쌍한 달팽이는 열등감 때문에 다른 동물들과 관계를 제대로 맺지 못했고, 그 때문에 재난이 닥쳤을 때도 알려주는 이가 없었다. 사람도 마찬가지다.

자기 스스로를 무시하면서 움츠러든 삶을 살아가면 다른 사람들은 더더욱 관심을 가져 주지 않는다. 사람은 누구나 열등감을 가지고 있다.

어느 책에서는 '세상에 열등감이 없는 사람은 없다. 성인이나 현인, 부호나 제왕, 가난한 농부나 선비, 장사꾼이나 심부름꾼 어느 누구든 어린 시절의 잠재의식 속에는 열등의식이 가득 차 있다.'는 내용이 실려 있다.

그렇다면 자신의 잠재된 열등의식 때문에 고민하고 괴로워할 필요가 없다. 단지 열등의식이 부정적인 심리 상태라는 것을 알면 된다. 인생에서 성공하고 싶다면 열등의식을 극복하면 되는 것이다.

열등의식은 현실을 왜곡해 정신적인 부담을 느끼게 하고 생활의 범위를 좁힌다. 열등의식 측면에서 분석하면 사람을 세 가지 유형으로 분류할 수 있다.

어떤 사람은 이야기 속 달팽이처럼 소극적으로 모든 일을 운명이라고 단정짓고 발전하기 위한 노력을 하지 않는다. 자신을 다른 사람보다 열등하다고 여기며 그저 운명에 맡겨버린다.

또 어떤 사람은 나쁜 길로 빠진다. 희망이 없다는 생각에 자포자기하는 심정으로 난폭한 행동을 하고 어떤 일도 서슴지 않는다. 많은 범죄자들이 범죄를 저지르게 되는 원인 중 하나가 열등의식이 작용한 탓이다.

그러나 어떤 이들은 현재 자신의 부족한 점을 인정하고 용기를 내어 노력함으로써 열등의식을 극복한다.

이 셋 중 어떤 유형의 사람으로 살아갈 것인가는 스스로의 선택과 노력에 달려 있다.

현실을 바꾸는 일은 우리가 생각하는 것만큼 어렵지 않다. 그리고 열등감도 충분히 극복할 수 있다. 외부적인 조건은 이를 방해하지 않을 것이다. 열등감을 극복하려면 먼저 자신을 정확히 알아야 한다. 열등감이 있는 사람이라고 해서 장점이 없는 것은 아니다.

열등감이 있는 사람은 겸손하고 이해심이 깊고 조심스럽고 세심하다. 이러한 장점을 계속해서 발전시켜 나아가야 한다. 결단력과 의지력을 갖고, 좌절을 두려워 말고 분발해서 장점은 살리고 단점은 고쳐야 한다.

자주 스스로를 격려하고 성과가 있을 때마다 자신을 칭찬하면 더 나아진 자신과 만날 것이다. 또 열등감에 사로잡힌 당신은 이미 존재하지 않으며, 대신 낙관적이고 자신감 있는, 발전을 위해 나아가는 자신을 발견하게 될 것이다.

진짜 친구라면
이익을 다투지 마라

"열 길 물 속은 알아도 한 길 사람의 속은 알 수 없다."는 속담이 있다. 친하게 지내는 지인이라고 할지라도 상대를 100% 믿는다고 자신 있게 말하기란 쉽지 않다. 가능한 한 상대를 믿어주려고 하는 쪽이 강할 것이다. 때문에 친구라고 해서 다 진정한 친구가 아니며 목숨과도 바꿀 수 있는 우정을 만들기란 그리 쉽지 않다. 다만 그런 친구 한 사람이라도 있다면 그것은 매우 행복한 일이다.

어떤 사람이 검은 개 한 마리와 흰 개 한 마리를 기르고 있었다. 그런데 개들은 사이가 나빴다. 어느 화창한 날, 개 두 마리가 문밖 담벼락에 누워 햇볕을 쬐고 있었다. 한참 말이 없다가 둘은 마치 약속이나 한 듯이 동시에 입을 열었다. 그들은 인간 세상의 병폐, 미와 추, 선과 악, 그리고 우정에 대해 이야기했다.

검은 개가 말했다.

"난 인생에서 진실하고 믿을 만한 친구와 기쁨과 고통을 함께하고 우정을 키워나가는 일이 가장 행복한 일이라 생각해. 이보다 더 행복한 일이 어디 있겠니? 그간의 적대 관계를 청산하고 좋은 친구가 된다면 앞으로 우리는 훨씬 행복해질 거야. 어떻게 생각하니?"

"맞아, 맞아. 정말 좋은 생각이야. 우리 지금부터 사이좋게 지내자. 그리고 함께 행복을 즐기자."

흰 개가 흔쾌히 동의하자 검은 개는 감격해서 말했다.

"네가 동의하니 정말 기뻐. 예전에 우리는 걸핏하면 싸우고 하루도 조용히 넘어간 날이 없었지. 잘 생각해 보면 그럴 필요도 없었는데 말이야. 우리는 함께 주인님의 집을 지키고 주인님도 공평하게 우리를 대해주시는데 왜 싸웠을까 몰라."

그래서 두 마리 개는 기쁨에 서로를 꼭 껴안으며 큰 소리로 외쳤다.

"우정 만세! 싸움, 질투, 원망아, 모두 사라져라!"

이때 주인이 맛있는 뼈다귀 하나를 개들에게 던졌다. 그 순간 개 두 마리는 동시에 뼈다귀를 덮쳤고 서로 먼저 먹으려고 싸웠다. 보다 못한 주인이 물을 퍼붓자 그제야 두 원수는 떨어졌다.

우리는 주변에서 이런 상황을 종종 보게 된다. 이익이 개입되지 않을 때는 친구나 동료와 더없이 잘 지내고 온 세상이 아름답고 행복하게 보인다. 이때는 우정이 깊어지고 행복을 느끼며 인간의 이기심은 나타나지 않는다. 그러나 절친한 친구가 한 회사의 동료가 되거나 동업자가 되면 그때부터 우정은 여러 가지 이유로 금이 가기 시작한다. 승진 때문에 겉으로는 친한 척하지만 속으로는 밀어내야 하는 경쟁자로 여긴다. 친구끼리 상하 관계일 때는 둘 사이에 엄청난 거리감이 생기며 우정은 온데간데없이 사라지고 서로 미워하며 반목한다. 이렇게 둘 사이에 공적인 이익이 개입될 때 우정은 결국 금이 가고 만다. 이 때문에 창업전문가들은 동업은 형제끼리도 친구끼리도 절대 하지 말라고 조언하기도 한다.

이해관계 때문에 금이 가는 우정은 진정한 우정이라 할 수 없다. 진정한 우정은 어떤 상황에서든지 서로 돕고 신뢰하는 것이다. 우정이 아주 강한 친구사이라면 이익 앞에서 서로 양보하고 상대가 더 잘 되기를 바랄 것이다.

"취해야 술 맛을 알고 이별 후에야 진정한 사랑이었음을 깨닫게 된다."는 속담이 있다. 우정도 마찬가지다. 진정한 우정은 평생 함께하고 서로 도와주고 아껴주는 것이다. 그러므로 좋은 친구는 인생의 소중한 자산과도 같다.

진정한 친구란 어떤 존재일까? 서로 기쁨을 나누는 일보다 서로 힘들 때 이해하고 도와주는 사람이 바로 진짜 친구다. 우정이 깊고 신뢰가 쌓이다 보면 자연히 그렇게 된다. 좋은 친구라면 둘 사이에 문제가 생겼을 때 긍정적인 쪽으로, 단순한 견해차 정도로 가볍게 생각할 것이다. 만일 생각의 차이가 클 경우에는 잘잘못을 따지기보다는 시간이 해결해 주기를 기다리며 우정에 금가는 일을 해서는 안 된다.

'나' 부터 반성하자

공자의 제자 중 효행으로 유명한 증자는 반성을 잘하는 것으로 유명하다.

특히 '一日三省(일일삼성)'을 강조하였는데, 하루에 세 번씩 자신의 행동을 반성한다는 뜻이다.

증자는 일일삼성에 대해 이렇게 말했다.

"나는 매일 나 자신에 대하여 세 가지를 반성한다. 첫째는 남을 도와주면서 진심으로 성실하게 도와주었는가? 둘째, 친구들과 사귀는데 신의 없는 행동을 하지 않았는가? 셋째, 스승으로부터 배운 것을 제대로 익혔는가?"

자신 스스로를 반성하는 일은 쉽지 않지만 매우 중요한 인생철학이기에 반드시 실천을 하는 것이 바람직하다.

프랑스의 위대한 사상가 루소는 소년 시절 도둑질을 하고 여자 하인에게 누명을 씌웠다. 착한 여자 하인은 아무 말도 못하고 그 일로 억울하게 주인에게 해고당했다.

그후 루소는 자신의 비열한 행동을 탓하며 괴로워했다. 그는 괴로움에 잠 못 이루면서 불쌍한 하인이 나를 비난하는 환영을 보았는데 너무도 생생해 방금 전에 나쁜 짓을 한 것 같은 착각이 들었다고 했다.

루소는 자신의 유명한 저서 『참회록』에서 자신을 철저하고 신랄하게 비판했다. 그는 자신이 어린 시절 저지른 잘못을 비열한 짓으로 간주하고 자신을 평생 죄책감에 시달리게 했던 그때 일을 사람들에게 털어놓았다. 자신의 잘못을 참회하고 반성하는 모습을 거리낌 없이 보여준 것이다.

사람들은 대부분 자신의 잘못을 반성하기에 앞서 먼저 남을 원망하고 주위 환경을 탓한다. 다른 사람이 고의로 방해해서, 자신에게 실력을 발휘할 기회가 주어지지 않아서, 때가 무르익지 않아서 자신이 실패했다고 생각한다. 그들은 자기반성을 통해 문제를 해결할 많은 기회를 놓친다. 남을 탓하고 자신을 반성하지 않는 태도는 자신을 막다른 골목으로 몰 뿐이다.

어느날 여우가 담장을 뛰어넘다가 실수로 발목을 삐었다. 다행히 장미를 붙잡아 고꾸라지지는 않았지만 가시에 다리를 찔려 피를 많이 흘렸다. 그러자 다친 여우는 장미를 탓했다.

"이러면 안 되죠. 도와달라고 했지 누가 찌르라고 했어요?"

장미는 말했다.

"그건 당신 잘못이죠. 전 원래부터 가시가 있는 걸요. 당신이 조심하지 않아서 찔린 거예요."

여우는 자신의 실수로 생긴 일을 반성하지 않고 오히려 도와준 장미를 원망했다가 비난을 받은 셈이다.

사람이라면 누구나 이와 유사한 일을 경험했을 것이다. 잘못된 현실 앞에서 스스로 반성하기보다는 남의 탓을 하는 이런 심리는 자기중심적인 생각에서 비롯된다. 수많은 재난·고통·실패 역시 이 같은 이기적인 생각에서 초래된다. 타인의 입장에서 자신을 반성한다면 많은 문제는 저절로 해결된다.

자신을 반성하고 점검하는 것은 매우 중요하다. 자신을 반성하는 사람은 어떤 상황에서도 분노로 인격을 상실하지 않고, 재물에 의지가 흔들리지 않으며, 의심으로 이성이 마비되지 않는다. 자신을 반성할 수 있어야 경중을 따져 취사선택하고 조화로운 삶을 살 수 있다. 그런가하면 자신을 반성할 줄 아는 사람은 곧 자신을 잘 이해하는 사람이기도 하다. 그들은 '내 능력은 어디까지인가?', '나의 장단점은 무엇인가?', '내가 실수한 점은 없는가?'를 생각한다. 그들은 빨리 자신의 장단점을 발견하고 문제를 해결할 방법을 찾는다.

물론 자신을 반성하는 일은 쉽지 않다. 자신을 솔직하게 반성할 용기도 필요하고, 정신적인 고통도 참아내야 한다.

동서고금을 막론하고 위인이나 현명한 사람들은 반성을 통해 내면의 적을 무찌르고, 영혼 깊은 곳에 있는 먼지를 씻어냄으로써 자신의 정신세계를 맑게 했다.

반성은 자신의 내면을 점검하는 연습이다. 이러한 연습이 몸에 배면 삶의 지혜가 생기고, 자신을 뉘우치고 돌아볼 수 있는 좋은 기회도 얻는다. 이런 사람들은 주변사람들로부터 인격을 갖춘 사람으로 인정받으며 어떤 시련 앞에서도 자신의 갈 길을 현명하게 잘 풀어나가기 마련이다.

남을 음해하면
자신도 다친다

현대인들은 치열한 경쟁 사회 속에서 살고 있다. 이 때문에 자신의 이익을 얻고자 경쟁할 상대를 공격하고 음해하는 나쁜 수단으로 이용하는 이들도 적지 않다. 남을 돕지는 못할망정 남을 음해하지는 말아야 한다.

타인을 음해하는 일은 곧 자신을 해치는 일이다. 자신의 가족과 친구들뿐만 아니라 모든 사람을 진심으로 대해야 한다.

증오하는 사람은 멀리하면 되고, 미워하는 사람은 무시하면 그만이며, 의심하는 사람은 피하면 된다. 누구에게든 해를 끼치지 않아야 당당해질 수 있다.

상대에게 잘못이 있으면 바로 지적하고, 견해차가 있을 때는 공개적으로 논의하는 것이 정상적인 방법이다. 절대로 뒤에서 상대를 욕하거나 공격하지는 말아야 한다. 그것은 양쪽이 함께 망하는 길이다. 적어도 좋은 파트너가 되지 못할망정 적은 되지 말아야 한다. 하지만 자기 이익에만 취한 사람들은 뒤에서 남을 음해하고 욕할 때 통쾌함을 느낀다. 이것은 인성의 추악한 일면이며 직장 생활에서 가장 위험한 행동 중 하나다.

음해의 결과는 결코 행복하지 못하다. 보통은 동료에게 배척당할 것이고, 심할 경우는 직장에서 쫓겨날 것이며, 최악의 경우 하루아침에 지위와 명예를 한꺼번에 잃을 수도 있다. 만일 사업상의 경쟁 상대를 '적' 이나 '원수' 로 여기고 무너뜨리기 위해 수단과 방법을 가리지 않는다면 자신을 한번 돌아볼 필요가 있다. 회사의 오너는 결코 자신의 직원들이 서로 반목하기를 바라지 않는다. 사장은 전 직원이 저마다의 장점을 발휘해 회사에 보탬이 되기를 바라지, 서로 배척하면서 회사에 불이익을 주는 행동은 원하지 않는다. 동료들 역시 이간질하고 비열하게 행동하는 사람을 싫어한다. 사람들은 진실한 사람과 함께 일하고 싶어한다. 따라서 공평, 공정, 상호 존중을 모르는 사람은 모든 이의 신뢰를 잃게 된다.

사자가 부엉이와 뱀에게 생쥐를 잡아오라 명령하면서 많이 잡은 쪽에 상을 내리겠다고 했다. 부엉이와 뱀은 곧바로 생쥐를 잡기 시작했다. 그런데 뱀은 나무 바로 옆에 있는 생쥐를 잡지 않고 나무에 기어오르고 있었다.

그 모습을 본 기린이 답답한 마음에 물었다.

"대왕께서 생쥐를 잡아오라고 했는데 왜 생쥐를 보고도 안 잡죠? 그리고 나무 위에는 생쥐도 없는데 왜 올라가는 거죠?"

"쉿, 조용히 해요."

뱀이 붉은 혀를 날름거리며 말했다.

"나무 위에 있는 부엉이 보이죠? 올라가 물어 죽여야 해요."

기린은 깜짝 놀랐다.

"부엉이를 죽인다고요? 대왕께서 당신 둘에게 생쥐를 잡아오라고 하지 않았나요?"

"부엉이를 죽여야 내가 쥐를 더 많이 잡을 수 있지 않겠어요? 그래야 상도 내 몫이 되죠."

뱀은 그렇게 말하며 사악한 미소를 지었다.

뱀은 정말 음험하고 독한 마음을 품고 있었다. 뱀은 대왕의 상을 받으려고 생쥐를 잡는 일보다는 자신의 경쟁자를 음해하는 데 더 많은 시간을 썼다. 뱀에게 부엉이는 경쟁자가 아니라 양립할 수 없는 적이었다.

누군가 비열한 방법으로 당신을 곤궁에 빠뜨렸을지라도 그에 맞설 필요는 없다. 언제까지 서로 보복할 것인가? 한 번 참으면 모든 일이 잘 풀릴 것이고 한 번 양보하면 마음에 평화를 얻는다. 자신보다 강한 자를 음해하는 일은 주제도 모르는 어리석은 행동이고, 자신보다 약한 상대를 음해하는 일은 설상가상으로 자신의 악랄함만 더욱 드러내는 일이며, 자신과 실력이 비슷한 사람을 음해하는 일은 자신을 더욱 피곤하게 할 뿐이다.

근시안적인 사고는 버려라

　사람들은 당장 눈앞의 이익에 어두워 더 큰 것을 놓치는 실수를 범하곤 한다. 높이 나는 새가 멀리 본다고 했다. 모든 일에서 앞을 멀리 내다보지 못하고 근시안적으로 대처하면 결국 스스로 한계를 자처하는 결과를 낳는다. 큰일을 못하는 것이다.

　어느날 아침 할머니가 깜짝 놀라 외쳤다.

　"영감! 영감! 굉장한 일이 일어났어요! 우리 집 암탉이 황금알을 낳았지 뭐예요!"

　그날부터 암탉은 매일 황금알을 낳았고, 황금알은 비싼 가격에 팔렸다. 가난했던 노부부는 금방 부자가 되었다. 그러나 그들은 더 많은 황금알을 가지고 싶어 했다.

　"영감, 암탉은 황금알을 매일 하나씩만 낳잖아요? 그렇다면 요녀석

배 속에는 황금알이 가득 차 있지 않을까요?"

할머니의 말이 끝나자마자 할아버지는 암탉을 죽여 배를 갈랐다. 그러나 황금알은 어디에도 없었다.

"아이코, 이를 어째! 암탉이 살아 있다면 매일 한 알이라도 얻을 텐데. 이젠 그것마저 얻을 수 없게 됐구려."

많은 이들에게 잘 알려진 이 황금알 이야기는 '소탐대실(小貪大失)'의 본보기를 보여준다. 우리는 일상생활에서 자신도 모르게 종종 이 같은 실수를 저지르곤 한다.

눈앞의 이익에 눈이 멀면 더 큰 이익을 잃게 되므로 그것이 어리석은 행동이라는 것을 잘 알고 있음에도 불구하고 스스로의 마음을 다스리지 못하는 것이다.

단적인 예로 대학 입학을 예로 들 수가 있다. 어느 학과가 인기가 있으면 자신이 진정으로 좋아하는 것을 포기하고 그 대열에 끼어드는 수험생들이 적지 않다. 부모들 역시 마찬가지. 미래 전망이 밝다는 이유 하나만으로 설령 자식이 원하지 않는 학과인데도 입학원서를 강요한다.

하지만 자신이 원하지 않고 인기 전공을 따라간 사람들은 대부분 졸업할 즈음에는 자신 같은 사람이 너무 많아 일자리도 찾지 못하게 된다. 그제야 원래 자신이 좋아하던 분야를 공부해도 결코 쉽지 않음을 깨닫는다. 즉, 단기적 안목은 모든 일의 불균형을 초래하며 그 속에서 진정한 자신을 잃는 것이다.

고등학생 딸을 둔 한 어머니가 있었다. 대부분의 부모들이 인기 학과 합격을 위해 모든 취미 활동을 막고 오로지 공부만을 자식들에게 강요

할 때, 딸의 미래를 염두에 둔 그녀는 여가 시간을 이용해 회화 등 예술 공부도 많이 하도록 격려했다. 입시를 앞두고 딸이 인기 없는 예술디자인학과를 지원할 때도 적극 찬성했다. 딸은 자신이 가장 자신 있어 하는 분야를 전공으로 택했기 때문에 성적도 아주 좋았다. 졸업 후, 직장생활을 하면서 표지디자인 공모전에 참가해 대상을 받아 누구보다 먼저 자신의 사업성을 발휘할 수 있었다.

　눈앞의 작은 이익을 탐하지 말고 자신이 추구하는 바를 견지하며 자신이 진정으로 잘하고 좋아하는 분야를 더욱 발전시켜나가야 한다. 그래야 성공할 수 있고 자신의 선택에 후회하는 일도 없을 것이다.

자신감과 당당함으로
대처하라

손자병법에 '심리전으로 기를 꺾는 것이 상책이다.' 라는 말이 있다. 한 국가를 정복하려면 우선 상대의 저항 의지를 꺾어야 한다. 그러면 싸우지 않고서도 항복을 받아낼 수 있다.

국민이 자국의 역사와 문화 그리고 태동의 뿌리를 의심하고 무시한다는 것은 곧 멸망의 날이 머지않았다는 얘기다. 과거 역사를 돌아보면 한 나라가 싸우지 않고 망하는 이유는 바로 이처럼 국민들의 정신이 무너졌기 때문이었다. 풍랑이 몰아치더라도 불안감에 호들갑을 떨지 말고 느긋하게 배에 앉아 있을 수 있는 이성적인 사고를 유지하는 것은 매우 중요하다.

두 마리 양이 산골짜기에서 늑대를 만났다. 갑이라는 양은 늑대를 보자마자 머리를 숙이고 발에 힘을 준 채 당장이라도 늑대를 향해 돌격할 것처럼 전투 자세를 취했다. 반면 을이라는 양은 덜덜 떨며 늑대에게 제발 살려달라고 애원했다. 그러자 늑대는 잔인하게 웃음 지으며 을에게 다가왔다.

"착하기도 하지! 난 너처럼 착한 애들이 좋아!"

을은 여전히 벌벌 떨면서 물었다.

"제 어떤 점이 마음에 든다는 거예요?"

바로 그때 늑대가 을을 덮치며 말했다.

"나는 너의 이런 순한 모습이 마음에 들어. 힘들이지 않고 먹이를 먹을 수 있거든."

말이 끝나기가 무섭게 늑대는 을의 목덜미를 물어뜯었다.

나약함은 인성의 '고질병'이다. 나약함 때문에 우리는 너무 쉽게 암흑과 타협하며 기회 앞에서도 시련에 부딪치면 주저하고 만다. 그로 인한 결과는 더 큰 굴욕감과 절망감으로 나타난다.

나약한 마음을 버려야 한다. 불의 앞에서 못 본 척하거나 한패가 되지 말고 정의를 지키며 정정당당히 맞서야 한다. 모욕을 당했을 때, 참아 넘기지 말고 상대에게 맞서 재치 있게 응수해야 한다. 부당한 일을 보았을 때 한탄하거나 참지 말고 정의를 위해서 적극적으로 행동해야 한다. 적의 동정심을 유발하려고 해서는 안 된다. 압력이나 부당한 대우를 받았을 때 비굴함과 나약함을 앞세운 대응으로는 절대 상황을 개선시키지 못한다. '아니다'라고 말해야 할 땐 '아니다'라고 말할 수 있어야 한다. 이를 통해 자신을 더욱 강하게 만들어야 한다. 용감히 맞서는 것이 바로 최선의 선택이다.

성장하면서 주변환경으로부터 지나치게 보호를 받거나 영향력에 휩싸일 경우 그 사람의 정신세계는 그다지 강하지 못하다. 예를 들어 순종과 의존 혹은 회피의 방식으로 어떤 이익을 얻는다든지, 책임을 덜고 타인의 총애를 받거나 특별한 배려를 받는 등 그들은 대체로 철이 늦게 들며 같은 또래의 사람들보다 일을 꼼꼼히 처리하지 못하고 책임감이 부족하며 나약하다. 자신의 의지가 강하지 못하면 추구하는 목표에 도달하기 힘들고 주변사람들로부터 나약한 사람으로 평가받기 십상이다. 인생을 스스로 개척하고 자기 자신을 관리하는 데 있어서 강인한 정신력은 필수다.

강인하고 용감한 자신을 만들기 위해서는 무엇보다도 자신에 대해 정확히 평가하고, 있는 그대로의 장단점을 파악하는 것이 중요하다 그리고 자신이 다른 사람보다 못하지 않다고 믿어야 한다. 그래야만 어떤 일 앞에서도 당당하고 분명하게 자신을 표현할 수가 있다. 자신이 할 수 있고 잘하는 일에 집중하면서 끊임없이 자신의 능력을 발휘할 기회를 찾는다면 강한 의지로 인해 자신감은 충만할 것이며 어떤 일에 부딪쳐도 신중하고 결단력 있게 행동하는 처세술이 자연스럽게 나타날 것이다.

혼자서는 절대 성공 못한다

당나라의 유명한 재상이었던 위정(魏征)은 "물은 배를 띄울 수도 있고 뒤집을 수도 있다."고 말했다. 이는 평상심을 유지하고 주변 사람들의 도움에 감사할 줄 알아야만 성공할 수 있고, 행복한 인생을 살 수 있다는 것을 의미한다.

어리석은 한 젊은이가 부친의 유산을 물려받았다. 사방이 튼튼한 울타리로 둘러쳐진 포도밭으로, 그 안에는 울창한 포도나무들이 가득했다. 젊은이는 울타리에는 포도가 열리지 않으니 없애도 된다고 생각했다. 그래서 그는 포도밭을 둘러싸고 있는 모든 울타리를 베어버렸다. 얼마 후, 포도밭의 포도나무들이 점점 망가져갔다. 울타리를 베어버리자 사람과 짐승들이 마음대로 포도밭에 들어와 나무를 짓밟았기 때문이다.

젊은이는 그제야 깨달았다. 비록 포도가 열리진 않지만 포도밭을 보호해 주는 울타리도 포도나무만큼 중요하다는 사실을.

붉은 꽃이 아무리 예뻐도 잎이 없으면 곧 시들어버리며, 아무리 좋은 포도밭이라도 울타리가 보호해 주지 않으면 망가져버린다.

정치적으로 사회적으로 성공한 사람들을 보면 그 사람 주변에는 말없이 도와준 수많은 사람들이 있다. 아무리 똑똑하고 잘난 사람일지라도 혼자서는 실력 있는 훌륭한 리더로서의 자리에 올라서지 못한다. 자신을 도와주는 사람들이 많았기 때문에 오늘의 자리를 확보할 수 있었다. 그러므로 누구든 정상의 자리에 섰을 때 반드시 자신을 도와준 가족과 친구, 동료들을 잊지 말아야 한다. 그들의 배려와 도움이 있었기에 성공 또한 가능했던 것이다.

우리는 많은 사람들과 어울려 생활한다. 이 때문에 우리에게는 주위의 이해와 인정이 필요하고, 사업이 성공 가도를 달릴 때는 항상 우리의 노력과 부지런함을 남에게 보여주면서 타인의 지지를 받는다. 부모님들은 고생하면서 우리를 어엿한 성인으로 길러주셨고, 선생님들은 철없던 우리들을 정성껏 지도하여 훌륭한 인재로 길러주셨다. 우리는 지인들과 친구의 응원과 격려를 통해 인정과 우정을 배웠다. 그들은 우리 각자의 삶을 꽃피우게 하는 비옥한 대지다. 인간관계의 중요성이란 바로 이 때문인 것이다.

현대사회는 개인의 개성을 충분히 발휘할 수 있는 시대다. 그렇다고 주위 사람들을 의식하지 않고 자신의 개성만을 추구할 수 있다고 생각하면 그것은 착각이다.

남다른 개성을 맘껏 발휘하여 꽃을 피우게 하는 것은 보이지 않는 관계의 힘이 반드시 작용해야 한다. 그래서 많은 사람들이 '인맥이 가장 큰 재산'이라는 말을 하는 것이다. 만약 누군가 주변의 도움에 감사해하지 않고 독단적으로 행동한다면, 그는 분명 배척당하거나 아무런 성과도 거두지 못할 것이다.

뜻한 대로 살 수 있는 천 년의 지혜

제4부

감사할 줄 아는 사람이
사랑한다

신중한 자세와 지혜가
성공을 부른다

옛말에 "지혜로운 사람이라도 천 번의 생각 중 한 번쯤은 반드시 실수하고, 어리석은 사람도 천 번을 생각하면 반드시 한 번은 성공한다."라고 했다.

누구에게나 위기의 순간은 찾아온다. 다만 현명한 사람은 두려움을 극복하고 지혜를 짜내서 자신을 구할 방법을 찾고 그것을 성공의 발판으로 삼는다.

'일본이 낳은 경영의 신' 마쓰시타 고노스케는 일본의 전설적인 기업인으로 남아 있는 인물. 그는 초등학교 5학년을 중퇴하고 자전거 가게에서 점원으로 일하다가 1918년 마쓰시타 전기제작소를 설립하여 마쓰시타 전기를 세계적인 대기업으로 성장시켰다. '경영이란 끊임없는 창의적 연구를 통해 무에서 유를 창조하는 것이다.' 라는 신념을 실천한 그는 60년 가까이 경영자로 일해 오면서 어렵게 찾은 사람을 키워 썼고, 또 그들의 능력을 최대한 살렸다고 한다. 그의 성공 경영기법 중 하나는 고심하면 반드시 문제를 해결할 방법을 찾을 수 있다고 굳게 믿었다는 것이다.

한번은 한 상인이 장사도 안 되고 해결책도 찾을 수 없어 고노스케에게 도움을 청하러 왔다. 고노스케는 그에게 피가 섞인 오줌을 눈 적이 있냐고 물었다. 그는 없다고 말했다. 고노스케는 피가 섞인 오줌은 사람이 전심전력을 다해 문제를 고심할 때 나타나는 현상이라고 설명해 주었다. 피가 섞인 오줌을 눴는데도 문제를 해결할 수 있는 방법을 찾지 못하거든 다시 자신을 찾아오라고 했다. 상인은 그후 문제를 해결할 수 있는 방법을 찾아내었다. 무슨 문제든지 최선을 다하면 반드시 해결할 방법이 생긴다는 것을 말해 주는 일화다.

어느날 길 잃은 아기양의 이야기도 위기일수록 침착하게 그리고 현명하게 대처하는 방법을 알려주는 좋은 사례다.

아기양이 늑대에게 잡혔다. 너무 무서웠지만 매우 침착하고 영리한 아기양이 말했다.

"늑대 아저씨, 부탁이 있어요. 저를 잡아먹기 전에 피리를 한 번 불어주실 수 있나요?"

"뭐? 피리는 불어서 뭐하게?"

"죽기 전에 피리 소리에 맞춰 제가 제일 좋아하는 춤을 추고 싶어요."

"설마 춤추는 척하면서 도망가려는 것은 아니겠지?"

"아니에요. 절대로 도망가지 않을 거예요."

"좋아, 한 곡 연주해 주지."

늑대가 피리를 불자 아기양은 가락에 맞춰 귀엽게 춤을 추었고 그때 목동이 피리 소리를 듣고 달려와 아기양을 구했다.

그제야 늑대는 피리 소리는 아기양이 자신을 살려달라고 목동을 부르는 신호였다는 것을 알고 아기양의 말을 가볍게 받아들여 피리를 불기로 결정을 내린 자신의 우둔함을 뼈저리게 후회했다.

아기양은 영리했다. 영리함은 인성의 일면이며, 특별한 사람만이 가지는 재주가 아니다. 누구나 지혜를 짜내면 충분히 문제를 해결할 수 있는 방법을 찾을 수 있다. 시련에 처하면 두려움, 초조함 같은 여러 가지 부정적인 생각이 자꾸 떠오른다. 이러한 생각들은 사람들이 기지를 발휘하지 못하도록 방해하기 때문에 먼저 이런 백해무익한 부정적인 생각부터 극복한 뒤 그후 문제 해결 방법을 고민해야 한다. 오로지 문제 해결에만 고심하다 보면 자연히 자신이 처한 환경은 잊게 되고 부정적인 생각도 사라지면서 묘안이 떠오른다.

방법을 찾는 것은 시작에 불과하다. 아기양처럼 용감하게 실천해야 자신의 운명을 위험에서 구할 수 있다. 아기양은 대담하게 늑대에게 소원을 말해 늑대가 속아 넘어가도록 만들었다. 그런 다음 늑대의 연주에 맞춰 귀여운 춤을 추면서 흉악한 늑대가 경계심을 풀도록 연기했다. 그리고 결국엔 목동의 출현으로 목숨을 구했다. 위기에 처했을 때 부정적인 생각을 극복하고 전심전력으로 해결책을 찾아 실천한다면 어려움을 딛고 밝은 미래를 맞이할 수 있다.

자신있는 사람이 아름답다

여고생인 주리는 늘 고개를 숙이고 다녔다. 자신이 그다지 예쁘지 않다고 생각했기 때문이다. 어느날 방과 후 집 근처에서 그녀는 액세서리 가게에 들러 녹색 나비 리본을 샀고 머리에 리본을 꽂자 주인은 너무 예쁘다며 그녀를 칭찬했다. 주리는 그 말을 믿지 않았지만 아주 기뻤고, 자신도 모르게 고개를 들었다. 그때 서둘러 가게 문을 나서다 누군가와 부딪쳤는데 개의치 않았다.

잠시 후 아파트 엘리베이터 안으로 들어서는 순간 그녀는 옆집 아줌마와 마주쳤다.

"주리야, 고개를 들고 다니니까 정말 예쁘구나."

아줌마는 다정하게 그녀의 어깨를 어루만져주었다.

그날, 주리는 학원에서 제과점에서 많은 사람들로부터 칭찬을 받았다. 그녀는 분명 그 이유가 나비 리본 때문일 거라고 생각했다. 그런데 그날 저녁 화장실에서 우연히 거울 속에 비친 자신의 머리엔 나비 리본이 없었다. 가게를 나오다 누군가와 부딪쳤을 때 리본은 이미 떨어졌던 것이다.

실제로 미국에서 이와 유사한 이색적인 실험이 있었다. 과학자들이 14세의 못생긴 소녀를 대상으로 하여 그녀 주위의 가족, 선생님, 친구들에게 그녀를 천사처럼 아름답다고 칭찬하게 만들어 그녀가 자신감을 갖도록 한 실험을 한 것이다. 2년 후, 기적이 일어났다. 그 소녀가 정말로 아름다워진 것이다.

누구나 아름다운 것을 좋아한다. 특히 여자 중에 아름답고 싶지 않은 사람이 누가 있겠는가? 그러나 개인의 외모는 부모에게서 물려받은 것이므로 바꿀 수 없다. 미모를 타고났다면 기쁘겠지만 설사 외모가 마음에 들지 않더라도 절대 낙담해선 안 된다. 인간에게는 외모 뒤에 감춰진 아름다움, 즉 자신감이 있기 때문이다.

자신감은 아름다움의 또 다른 표현이다. 자신 있는 여성은 머리에서 발끝까지 우아함이 묻어나오며 이런 아름다움은 단순히 예쁜 얼굴로는 표현할 수 없다. 성실하고 자신감 있는 여성은 기쁨이 넘칠 것이고, 이런 기쁨이 바로 인생을 아름답게 만든다.

"여성은 사랑스럽기 때문에 아름답지, 아름답기 때문에 사랑스러운 것은 아니다."라는 말도 같은 이치다. 다시 말해 부나 미모에 상관없이 모두 고개를 들고 자신감을 가지면, 영원한 아름다움을 소유하게 될 것이다.

누구든지 자신의 외모에 자신감을 갖는다면 더 아름다워질 것이다. 이것이 바로 자신감의 힘이다. 자신감도 일종의 아름다움이다. 그런데 많은 이들이 자신의 외모를 비관하며 자신감을 상실한 채 살아간다. 그들은 자신이 못생겼다는 생각에 배고픔과 싸워가며 다이어트를 하고, 거액을 들여 실패의 두려움까지 떠안고 성형수술을 한다.

진정한 아름다움은 세상에 대한 자신감과 마음에서 우러나오는 기쁨에서 비롯된다는 사실을 그들은 모르고 있는 듯하다. 미모는 가을 풀처럼 시간이 지나면 시들지만 정신은 영원하다.

자신감은 인생의 상록수로 우리의 인생을 활기 넘치게 한다. 내면의 자신감이 승화되어 묻어나는 고상함은 영원하며 이것이 사람의 마음을 움직일 수 있는 진정한 아름다움이다.

환상을 꿈꾸지 마라

사람들은 누구나 어린 시절의 꿈을 좇고 환상의 세계를 동경한다. 마음속으로 백설공주와 백마 탄 왕자를 만나고 싶어 하지 않는 젊은이가 몇이나 되겠는가? 그러나 이상형은 상상으로 빚어낸 허구일 뿐이다. 현실과 이상은 분명히 다른 것이다.

한 예언가가 지브린에게 환상이라고 불리는 예쁜 여자 이야기를 했다. 눈만 감으면 그녀가 그의 곁으로 올 수 있다는 것이었다. 그래서 지브린은 늘 눈을 감은 채 환상과 함께 지내려 했다.

그러던 어느 날, 지브린 곁을 지나는 한 여성이 그에게 왜 눈을 감고 있는지를 물었다. 지브린은 환상을 지키기 위해서라고 말했다.

그러자 여자가 말했다.

"전 환상의 언니인 희망이에요. 당신이 눈을 뜨면 전 당신과 함께할 거예요."

지브린은 아름다운 환상을 잃고 싶지 않다며 거절했다. 희망은 지브린을 설득시키지 못할 것 같아 한숨을 쉬며 떠나버렸다.

그 순간 지브린은 평생 눈을 감고 살 수는 없다는 생각이 들어 눈을 떴다. 그가 막 눈을 떴을 때, 희망의 아름다운 뒷모습이 보였다. 그후로 지브린은 그때 눈을 떴더라면 얼마나 좋았을까 하고 후회하며 지냈다고 한다.

이야기 속의 지브린은 비현실적인 환상을 꿈꾸다가 노력하면 얻을 수 있는 희망을 놓치고 말았다. 우리네 현실 속 많은 사람들도 갖가지 환상에 빠져 있다. 이런 나약한 인성 때문에 많은 사람들이 적극적인 삶을 살지 않고 허구 세계에 빠져 청춘을 허비하고 있다. 인생은 눈 깜짝할 사이에 지나가 버리는데, 환상에 빠져 있을 것인가, 아니면 눈을 뜨고 희망을 추구할 것인가?

환상은 그저 비현실적인 목표일 뿐이다. 우리는 그 속에서 아무것도 얻을 수 없다. 그러나 희망은 노력하면 내 것으로 만들 수 있으며 우리에게 성공을 가져다준다. 비현실적인 환상에 빠져 있지 말고 현실에서 희망이 보일 때 손을 뻗어 잡아야 하는 이유다.

사랑은 인류의 영원한 화두다. 성인이 되어 결혼을 앞두고 있는 사람이 반쪽을 찾을 때 대다수의 사람들은 평생 기다려온 이상형이 나타나기만을 기다릴 것인지 아니면 적당한 사람이 나타나면 그 사람과 행복한 가정을 꾸릴 것인지를 두고 갈등을 하게 된다. 현실에는 완벽한 사람이란 없다. 누구나 장단점을 가지고 있다. 사랑을 받아들일 때 가장 중요한 것은 내가 무엇을 중시하는지와 상대방을 있는 그대로 받아들일 수 있는가 하는 것이다.

이상형은 환상이며, 현실의 사랑이 바로 희망이다. 현실의 상대는 완벽하지 않을 수 있다. 또 자신이 꿈꿔오던 이상형의 모습과 많이 다를 수 있지만 두 사람은 하늘이 정해준 인연으로 만난 것이며, 시간이 흘러감에 따라 완벽한 사랑을 만들어갈 수도 있을 것이다.

우리는 현실 속 '희망의 아가씨'를 소중히 여겨야 한다. 비록 자신이 꿈꿔온 이상형은 아니더라도 오랜 시간 동안 손을 잡고 함께 늙어간다면 진정한 사랑이 무엇인지 깨닫게 될 것이다. 현실 속 많은 문제들이 모두 이와 같다. 환상에 집착하면 일생을 허비하게 될 것이고, 착실하게 생활이 주는 모든 희망을 잡는다면 그 사람의 인생은 찬란히 빛날 것이다.

단점!
숨길 필요 없다

'100% 완벽한 순금도 없고, 100% 완벽한 사람도 없다.'는 말은 사실이다. 인간은 누구나 단점이 있기 마련이다. 아이큐 180의 천재도, 세계적으로 유명한 미인도 그 사람들의 유명세에 가려진 각자의 단점은 있다. 다만 장점이 부각돼 있을 뿐이다.

신이 아닌 인간이기에 저마다 제각각 장단점이 있다는 것을 잘 알면서도 사람들 중에는 자신은 완벽 그 자체이고 다른 사람에게만 단점이 있다고 여기려 드는 이들이 있다. 게다가 뻔히 드러나는 단점이 있어도 인정하지 않고 오히려 다른 사람의 단점을 비웃음으로써 자신의 단점을 숨기려 하는 이들도 적지 않다. 이런 태도를 보이면 어떤 결과가 나타날까? 당사자는 더 아름다워지고 인생이 더 풍요로워지는 기회를 놓치게 될 것이다.

어느날 동물의 왕이 동물들에게 말했다.

"오늘 유명한 성형외과 전문의를 모셨다. 자신의 얼굴과 체형이 마음에 들지 않는 동물은 이 자리에서 말하라. 의사가 수술이나 교정을 해 줄 것이다."

왕은 먼저 원숭이에게 물었다.

"원숭이, 네가 먼저 말해 보아라. 너와 다른 동물들을 비교해 볼 때 누가 제일 아름다우냐? 지금의 네 모습에 만족하느냐?"

원숭이가 대답했다.

"저는 몸매도 날씬하고 얼굴도 완벽해서 흠잡을 데가 없습니다. 지금 제 모습에 아주 만족합니다. 제 생각엔 곰 형제가 좀 둔해 보입니다만."

이때 곰이 느릿느릿 앞으로 걸어 나왔다. 동물들은 곰이 의사에게 자신의 못생긴 얼굴을 성형해달라고 할 것이라 생각했다. 그런데 곰은 의외로 자신의 위풍당당한 모습을 자랑하면서 오히려 코끼리의 생김새에 대해 이러쿵저러쿵 말을 늘어놓는 것이 아닌가? 꼬리는 너무 짧다는 둥, 귀는 너무 크다는 둥, 게다가 다리는 너무 굵어 아름다운 곳이 전혀 없다는 것이다.

이 말을 들은 코끼리가 침착하게 말했다.

"내 미적 기준으로 볼 때 고래는 나보다 더 뚱뚱해. 그리고 개미는 너무 말랐고 게다가 작기까지 하지."

이때 개미가 말을 가로채며 말했다.

"왜 이러세요. 미생물에 비하면 저는 거대한 코끼리라고요."

모두 남을 비판만 할 뿐 자신의 부족한 점에 대해 말하는 동물은 하나도 없었다. 동물의 왕은 할 수 없이 모든 동물을 돌려보냈다. 우리 인간 세계의 단면을 보는 듯한 이야기다.

자신의 단점을 숨기는 것은 대단히 어리석은 행위다. 세상 사람들 중, 특히 신체적인 결함이 있는 사람들은 자신의 결함 때문에 피해 의식에 젖어 누군가 자신의 결함에 대해 이야기할 때 매우 민감하게 반응한다. 다른 사람이 자신의 결함에 대해 이야기할 때 그들은 자신의 존엄성이 무시당했다고 생각한다. 그런 생각이 강한 사람일수록 다른 사람을 비웃음으로써 자신의 자존심을 지키려 한다. 사실 이런 방법은 아무런 도움도 되지 않는다. 결함은 결함일 뿐이다. 숨기고 기피한다고 해서 그것이 없어지지는 않는다.

단점을 인정한다는 것은 용기 있고 지혜로운 행동이다. 자신감과 책임감이 없는 사람만이 자신의 단점을 숨기기 위해 갖은 방법을 동원한다. 심지어 다른 사람의 단점을 공격함으로써 심리적인 보상을 얻으려 한다. 무의미한 일이다. 우리는 신체적인 한계 때문에 성공하지 못하거나 행복을 잃는 일은 없다. 중요한 것은 자신의 한계를 인정하느냐 못하느냐다.

유명한 물리학자 스티븐 호킹은 스물한 살 때, 불행하게도 근육의 수축이완이 안 되는 불치의 병인 '루게릭병'을 앓게 되었다. 그는 모든 활동 능력을 상실했지만 자신의 가치는 결코 부정하지 않았다.

스티븐 호킹은 이렇게 말했다.

"내가 물리학을 선택한 게 얼마나 다행스러운 일인지 모릅니다. 연구는 머리만 쓰면 되니까요."

루게릭병은 그에게서 펜과 종이를 이용해 일할 권리마저 빼앗아갔지만 그는 강한 의지를 갖고 도형으로 자신의 생각을 표현함으로써 연구를 이어갔다.

스티븐 호킹이 위대한 이유는 학술상의 공헌 외에도 자신의 한계를 인정하고 적극적이며 낙관적으로 살았다는 사실이다. 이런 일이 다른 사람에게 일어났다면 아마 그 사람들은 일찌감치 살아갈 용기를 잃었을 것이다. 하지만 그의 가슴속에는 어떠한 원망, 고민도 없었으며, 오히려 그는 더욱 분발했고, 집념과 낙관적인 태도로 신체적인 한계를 극복해냈다.

호킹 박사만이 아니다. 실제로 신체적인 한계를 극복하고 스포츠, 예술, 학문 등 각 분야에서 기적을 일궈낸 현대인들이 적지 않다.

'자신을 진흙으로 여기면 정말 남들에게 밟히는 진흙이 된다.'는 말이 있다. 우리는 무엇이 행복을 가져다주고 무엇이 불행을 만드는지 모를 때가 많다. 단점이 많든 적든 결코 그것을 숨기지 말자. 그리고 단점 때문에 자신이 피해를 입는 일은 없도록 해야 한다.

돕는 것도
방법이 중요하다

    누구나 어렵고 힘든 이들을 도와준 경험이 있을 것이다. 세상이 냉정하다고 말하지만 아직도 많은 사람들이 가난하고 고통받는 이들을 위해 무엇이든 자신이 도움을 주려는 선한 마음을 가지고 있다. 더러는 남을 도와주어야 자신도 어려울 때 남의 도움을 받을 수 있다는 이해타산적인 사람들도 있겠지만 인간의 본성은 성악설보다는 타고날 때부터 선한 것이라고 보는 맹자의 성선설에 가깝기에 적지 않은 사람들이 남을 돕는 것을 미덕으로 삼고 또 당연한 사람의 도리로 여긴다. 단, 누군가에게 도움을 주더라도 그 효과면에서 상대에게 얼마나 와 닿는 것인지를 고려하는 것은 매우 중요한 일이다.

    예를 들어보자. 배고픈 사람에게 비싸고 화려한 옷을 선물하는 것은 바보 같은 짓임에 틀림이 없다. 위장병에 걸려 고통을 호소하는 사람에게 최고의 셰프가 차린 밥상 또한 아무 의미가 없다. 아무리 좋은 선행일지라도 상대가 간절히 원하는 것이 아니면 그것은 한낱 쓸모없는 존재일 뿐이다. 무턱대고 아무 생각 없이 도움을 베풀어서는 안 된다는 얘기다. 아무리 좋은 의도로 상대를 도우려 했을지라도 상대에게 꼭 필요한 도움인지를 생각하지 않았을 경우 오히려 더 큰 비극을 낳을 수도 있다.

옛날, 혈혈단신인 한 노인이 깊은 산중에 살고 있었다. 그는 가족도 친구도 없어 삶이 너무도 외로웠다. 그러던 중 곰과 친구가 되어 둘은 서로 의지하며 지냈다.

어느 화창한 날 그들은 함께 등산을 갔다. 그러나 사람이 어찌 곰을 능가하랴, 산을 조금밖에 오르지 않았는데도 노인은 너무도 힘이 들었다. 곰은 노인이 멀리 뒤처져 오는 것을 보고 멈춰 서서 말했다.

"앉아서 좀 쉬든지 아니면 나무에 기대서 낮잠 좀 주무세요. 무슨 일이 생길까 두려우시면 제가 곁에서 지켜드릴게요."

노인은 감동 어린 눈으로 곰을 바라본 뒤, 큰 나무에 기댄 채 잠깐 눈을 붙였고, 곰은 충직하게 곁에서 노인을 지켰다.

그때, 갑자기 파리 한 마리가 노인의 머리 위를 맴돌다 노인의 콧잔등에 앉았다. 곰은 재빨리 뛰어와 파리를 쫓았는데 잠시 후 파리는 또 날아와 노인의 얼굴에 앉았다. 곰은 노인의 단잠을 깨우고 싶지 않아 조용히 자신의 큰 손바닥을 들어 숨죽인 채 쭈그리고 앉아 생각했다.

'이 못된 파리, 내 기필코 혼내주고 말 테다.'

파리가 다시 노인의 볼에 내려앉자 곰은 위치를 잘 조준해 있는 힘껏 손바닥을 내리쳤다. 그 힘에 못 이겨 파리는 죽었지만 노인의 두개골 역시 두 쪽으로 갈라져버렸다. 노인은 비명 한 번 질러보지 못하고 죽음을 맞았다.

남을 돕더라도 어떻게 도울 것인가를 고민해 보고 실행으로 옮겨야 한다. 이는 매우 중요한 것이다. 상대방의 입장에서 상대에게 정말 필요한 것이 무엇인지 파악한 뒤에 필요한 도움을 줄 때 그것이 진정한 도움이 된다.

상대에게 꼭 필요한 도움이 아니면 도움은커녕 오히려 나쁜 결과만 가져올 수 있다. 다시 말해 남을 돕는 것에도 기술이 필요한 것이다.

사람들은 무조건 도와주기만 하면 상대방에게 도움이 되고 분명 고마워할 것이라 생각한다. 사실은 그렇지 않다. 어떤 사람들은 시련이 닥쳐도 체면과 자존심 때문에 도움을 받고 싶어 하지 않는다. 이때 당신이 도움을 준다면 그는 도움을 동정으로 오해할 것이다. 전문적인 도움이 필요한 사람에게 그 분야의 기술과 지식이 전혀 없는 사람의 도움은 오히려 방해만 될 뿐이다. 이런 상황에서 상대는 당신의 도움에 감격하지 않을 것이고, 당신은 쓸데없이 남의 일에 참견한다는 원망만 들을 것이다. 순수한 마음으로 도움의 손길을 뻗었는데 원망만 듣게 되었으니 세상에 이것보다 더 억울한 일이 어디 있겠는가.

다른 사람을 돕고 싶다면 꼭 필요한 도움을, 모자라지도 넘치지도 않게 주어야 한다. 사람들은 이 점을 잘 인식하지 못한다. '넘치지 않게 주어야 한다.' 는 말은 정도와 관계된 문제다. 다시 말해 이유 없이 지나친 친절을 베풀어서는 안 된다. 보통 사람은 누군가 자신에게 지나친 친절을 베풀면 분명 목적이 있을 것이라 여기기 때문이다.

내 생각과 취향을
남에게 강요 마라

늘 친구들에게 아낌없이 베푸는 농장주가 있었다. 그는 자주 친구들을 자신의 집으로 초대했고, 항상 친구들을 위해 직접 맛있는 요리를 만들었다. 친구들이 맛있게 먹는 모습을 보면 그 자신도 기분이 좋았다. 어느 주말 저녁, 그는 새로 사귄 친구를 위해 바비큐파티를 벌였다.

"친구야, 이 요리는 특별히 너를 위해 준비했다네."

"고맙네만 나는 채식을 즐기고 고기는 잘 안 먹는 편이야. 오늘 아침 닭고기를 먹었기 때문에 오늘은 더 이상 고기를 먹고 싶지 않거든."

"그래? 하지만 이 바비큐 조금 먹는다고 뭐 그리 큰 문제가 있겠어. 그러지 말고 먹어 보라고."

"너의 성의를 봐서라도 조금 먹고는 싶지만 지금은 배도 너무 부르고 고기 냄새만 맡아도 속이 울렁거리거든. 미안해. 도저히 먹을 수가 없다네."

친구가 먹지 않으려고 하자 주인은 아내를 불렀다. 이번에는 아내를 시켜 친구가 바비큐를 먹기를 권했다. 입장이 난감해진 친구는 어쩔 수 없이 바비큐를 먹었다. 하지만 그날 저녁 소화가 안 되어서 밤새 고통을 겪었고 그후로 다시는 그의 집에 가지 않았다.

물고기에게는 물이 필요하고 사람에게는 공기가 필요하듯, 사람에게는 저마다 독창적이면서도 깊이 있는 자기만의 내면세계가 있다. 그런데 우리는 종종 자신의 관점에서 주변의 모든 것을 판단하려 하고 자신의 뜻을 남에게 강요하려고 한다. 그것은 남들의 반감만 불러일으킬 뿐이며 아무리 좋은 의도였더라도 농장주의 바비큐처럼 결코 사람들이 원하지 않는다.

강요에 의해 일을 하고 억지로 남의 의견을 받아들일 사람은 없다. 우리는 모두 자신이 원하는 일을 하고 싶어 하고, 다른 사람이 자신의 요구를 말하기 전에 먼저 내 의견을 물어봐 주길 바란다.

많은 부모들이 자녀가 학과를 선택할 때 지나치게 간섭한 나머지 자녀의 적성과 생각은 무시한 채 자신들이 좋다고 여기는 학과를 자녀에게 강요한다. 심지어 어떤 부모들은 자녀들을 자신의 분신으로 여겨 자신이 이루지 못한 꿈을 자녀에게 강요하고 대신 이루어주길 바란다. 자녀들은 이에 대해 반항하거나 가출, 자살 등 극단적인 방법으로 맞서기도 하는데 가정의 비극은 대부분 이렇게 해서 발생한다.

많은 연인들이 사랑한다는 이유 하나만으로 상대의 자유를 구속하려

하고 자신의 생각대로 행동하길 강요한다. 그 결과 둘의 감정이 멀어져 결국 헤어지는 비극이 발생한다. 사실 비정상적으로 보이는 일들이 우리 주변에서 심심찮게 일어나고 있다. 모두 자신의 관점만 고집하려고 할 뿐 남들도 자신처럼 그들의 입장과 생각이 있다는 걸 잊기 때문이다. 그래서 많은 사람들이 자기 생각에만 갇혀 무의식중에 이런 잘못을 저지르는 것이다. 심지어 자신은 좋은 의도로 한 행동이기 때문에 남들이 당연히 감사해야 한다고까지 생각한다.

공자의 제자였던 자공(子貢)이 스승에게 물었다.

"평생 잊지 않고 실천해야 할 진리가 있습니까?"

이에 대해 공자가 말했다.

"용서하라! 자신이 싫은 것을 남에게 강요하지 마라."

최대한 남을 배려하고 상대의 기분을 헤아릴 줄 알아야 한다. 역지사지(易地思之), 즉 그들의 감정, 심리, 기쁨으로 그들의 행위를 분석해야 한다. 자신의 생각을 다른 사람에게 강요해서는 안 된다. 자신의 바람이 좋은 것일지라도 그것만으론 부족하다. 아무리 좋은 바람이라도 모든 사람에게 다 좋은 바람이 될 수는 없기 때문이다. 타인의 감정을 고려하지 않고 자신의 바람을 남에게 강요한다면, 그것은 오히려 유해 물질이 될 것이다. 인성의 이러한 단점을 개선할 수 있는 효과적인 방법은 타인에게 그 자신이 될 수 있도록 자유를 주는 것이다. 그러면 다른 사람의 마음에 다가갈 수 있고, 남을 진정으로 이해하게 되며, 그들과의 관계도 더욱 돈독해질 것이다.

노력없이 얻은 결실,
성공 아니다

노력없이 이루어진 좋은 결과를 성공이라고 말할 수 있을까?

성격이 거칠고 급한 수도승이 있었다. 그는 자신의 이런 성격을 고치고 싶었지만 타고난 성격을 바꾸는 일은 너무나 힘들었고 별 진전도 없었다. 급기야 그는 성격을 고치려는 자신의 의지와 결심을 보여주기 위해 절을 짓고, 사찰 현판에 '백인사(百忍寺)' 라는 글자를 새겼다. 그후 수도승은 주위 사람들에게 자신의 거칠고 급한 성격을 이제 다 고쳤다고 말했고 사람들은 모두 그의 말을 믿었다.

그러던 어느날 절을 지나치던 한 나그네가 수도승에게 사찰 현판에 새겨진 글자가 무엇이냐고 물었다. 수도승은 '백인사' 라고 말했다. 나그네가 다시 묻자 수도승은 약간 짜증 섞인 어투로 '백인사' 라고 대답했다. 나그네가 다시 한 번 말해달라고 하자 수도승은 결국 참지 못하고 화를 내며 큰소리로 말했다.

"백인사라고요! 귀는 뭣 하러 달고 있습니까?"

나그네가 웃으며 말했다.

"하하하! 아니 겨우 세 번 말하는 것도 참지 못하는데 백인사가 다 무슨 소용입니까?"

이쯤 되면 수도승은 비웃음의 대상이 되고 만 셈이다. 하지만 우리는 저마다 '나는 어떠한 사람인가?' 라는 자문을 해볼 필요가 있다. 우리는 자신의 목표를 실천하고, 또 자신이 남들에게 특별한 사람으로 비춰지길 바란다. 수도승의 노력과 결심을 보고 그가 분명히 자신의 단점을 고칠 수 있을 것이라 생각했을 것이다. 하지만 수도승은 자신의 목표를 이루지 못했다. 그 이유는 바로 수도승이 아무 노력 없이 성공을 손에 넣으려고 했기 때문이다.

세상엔 노력이나 노동의 대가를 치르지 않고 잔꾀로 성공하려는 사람들이 적지 않다. 물론 더러는 운 좋게도 노력을 기울이지 않았는데도 뭔가가 이루어지기도 한다. 하지만 그것은 길을 가다가 우연히 오만 원권 지폐를 줍는 것과 같은 일일 뿐이다. 일회성으로 다가온 행운일 뿐 언제나 좋은 결과를 기대할 수는 없다는 얘기다.

성공의 비결은 자기 스스로 요행을 기대하는 심리를 극복하는 데 있다. 하지만 심리 극복을 위한 노력을 하지 않고 요행만을 추구하는 경우 결과는 뻔한 일이다. 머리가 좋은 사람이 있다고 치자. 학창시절 공부를 대충 했는데도 대학입학시험에서 좋은 성적을 거두었다. 대학 재학시절에도 시험기간에만 교수가 출제할 예상문제에만 집중적으로 공부하여 늘 좋은 결과를 얻었다. 이 때문에 그는 졸업 후 사회활동에서도 자신의 두뇌만 믿었다. 프로젝트를 짤 때도 현실을 고려하지 않고 자신의 머리에만 의지했고 실행에서도 쉽고 빠른 방법만 추구했다. 하지만 결과는 늘 실패로 끝났고 그로 인해 이렇다 할 만한 실적이나 성과도 얻지 못했다.

노력이나 노동의 대가를 치르지 않고 잔꾀로 성공하려는 습관이 한번 몸에 배면 인격에 해를 끼칠 뿐 아니라 좋은 결과도 얻지 못한다. 한결같음을 모르는 사람들은 요행을 기대한다. 의지가 강하지 못하므로 그들은 영원히 자신의 목표를 이루지 못할 것이다.

세상은 과정 없는 결과에 박수를 쳐주지 않는다. 땀 흘려 노력하여 이룬 성공을 높이 평가하고 인정한다. 부지런한 농부처럼 몸을 움직이면서 자신이 가꾸는 식물을 자식처럼 아끼고 사랑하여 풍성한 추수를 거두는 것이야말로 진정한 성공이라고 말한다.

조급함은 화를 불러 온다

'Rome was not built in a day.'

'로마는 하루아침에 이루어지지 않았다.'는 이 명언을 모르는 사람은 없다. 그럼에도 불구하고 많은 사람들이 좀더 빨리 무언가가 이루어지기를 소원한다. 하지만 모든 일에서 정상적인 과정을 거치는 일이 반드시 필요하며 이를 기본적인 룰로 정착시킬 때 좋은 결과, 위대한 성과를 볼 수 있다.

우리나라 사람들은 우리의 경제가 단기간에 급성장하면서 '한강의 기적'이라는 말을 만들어낸 것처럼 모든 분야에서 빠르게 결과를 도출시키려고 하는 성향이 강하다. 이 같은 성향이 부지런함과 열정이라는 언어로 포장될 때는 긍정적인 평가를 받기도 하지만 반대로 너무 서둘러서 일을 그르치고 화를 불러온다는 지적을 받기도 한다. 무엇이든 빨리 빨리 일구어 내려는 조급함과 성급함 때문에 모든 분야에 걸쳐서 크고 작은 좋지 않은 결과를 초래하는 다양한 사례를 드러냈기 때문이다. 백화점이 무너지고 다리가 끊기고 학력을 위조한 유명인들이 나타나는 등 지난 몇 십 년 간의 모습이 그랬다. 화려한 경제성장의 이면에 가려워진 우리의 부끄러운 민낯이었던 것이다.

의사와 심리학자들은 사람은 누구나 조급한 면을 가지고 있다고 말한다. 조급증은 문제를 일으키고 결국엔 일을 그르치게 된다. 하지만 우리 주변에는 스스로 조급함을 잘 조절해 침착함을 유지하면서 좋은 결과를 보여주는 이들이 있다. 그들은 자신을 정확하게 인식하고 이성적인 사고와 평상심을 갖고 일을 수행했기 때문이다.

아프리카 토인들은 원숭이 같은 동물들을 잘 잡는 절묘한 기술이 있다. 동물들이 좋아하는 먹이를 입구는 좁고 안은 넓은 동굴 속에 놓아두고 동굴 밖으로 나와 어딘가로 가는 척한다. 먼 곳에 숨어 이를 지켜보던 동물들은 사람이 가버린 것을 확인하고는 재빨리 동굴 쪽으로 다가와 앞발로 동굴 속 먹이를 꺼내려 한다. 그러나 입구가 너무 좁기 때문에 앞발을 빼낼 수가 없다. 그러나 맛있는 먹이를 놓치고 싶지 않은 동물은 애가 타서 더 세게 먹이를 움켜쥐고, 그럴수록 발은 더 깊이 동굴 안으로 들어가 빼기가 힘들어진다.

이때 토인들이 느긋하게 걸어와 동물을 잡아간다. 조급함이 얼마나 많은 동물들을 함정에 빠뜨렸는지는 알 수 없다. 그러나 그들이 침착하게 앞발만 조금 빼냈더라면 유유히 빠져나올 수 있었을 것이다.

화재가 발생해 수십여 명이 사망한 사건이 있었다. 알고 보니 사망자들 가운데 절반 이상이 서로 먼저 빠져나가려고 사투를 벌이다가 죽은 것이었다. 또 몇 명은 성격이 너무 급해 창문으로 뛰어내리다 죽었고, 정작 불에 타 죽은 사람은 한 명밖에 되지 않았다. 노인 몇 명은 인파를 뚫고 나갈 힘이 없어 구조원을 기다렸는데 오히려 아무런 상처도 입지 않았다.

일도 마찬가지여서 서두를수록 성공과는 멀어지고 생활은 더 엉망이 될 것이다. 서두를수록 판단은 흐려지고, 점점 조급함과 두려움이 사고를 지배해 침착하게 대응할 수 있는 어떤 방법도 생각해내지 못한다. 불 속에 갇혀 있던 사람들이 이 점만 명심했더라면, 구조원들에게 구조되어 그런 끔찍한 비극은 피할 수 있었을 것이다.

무슨 일이든 조급하게 생각해서는 안 되고 완급을 조절할 줄 알아야 한다. 특히 침착함을 배워야 한다. 급할수록 돌아가라는 말이 있다. 조급함을 버리지 못한다면 영원히 극복할 수 없는 스스로의 한계에 부딪칠 것이다.

감사하는 마음을 가져라

한 나무꾼이 나무를 하다가 실수로 도끼자루를 부러뜨리고 말았다. 그는 새로 나뭇가지를 꺾어 도끼자루를 만들 수 있게 해달라고 숲에게 낮은 소리로 부탁했다.

'그래, 그는 도끼가 있어야만 생계를 꾸려가겠지. 내가 도와주면 전나무와 상수리나무는 잘린 뒤에도 계속해서 잘 자랄 거야. 사람들은 오래된 나무를 보고 감탄하니까 그도 이 숲을 잘 보호할 테고.'

마음씨 착한 숲은 이렇게 생각하고 그의 부탁을 들어주었다.

도끼를 손질한 후, 나무꾼은 숲이 아주 울창하다는 사실을 알았고, 고친 도끼로 도움을 준 나무를 마구 베기 시작했다. 숲은 신음하며 자신의 은혜가 고통으로 되돌아온 사실에 괴로워했다.

대다수의 사람들은 사회가 자신을 차별한다고 불만을 품으며 자신의
몫이 더 많아야 한다고 말한다. 자신이 타인과 사회를 위해 얼마나 베
풀었는가는 이야기하지 않고 말이다. 죽음에 이르러서야 사람들은 자
신이 은혜를 모르는 배은망덕한 소인배였다는 사실을 깨닫고 크게 후
회한다.

인생의 가장 큰 비극은 "남들이 내게는 아무것도 주지 않았
다."라고 뻔뻔하게 말하는 것이다. 받고도 고마운 줄 모르는
마음이 행복의 가장 큰 적임을 알아야 한다.

고마움을 모르는 사람은 평생 만족할 줄 모르는 사람이며, 현재 가진
것을 소중히 여길 줄 모르는 사람이다. 그들은 원망만 하고 남을 질투하
며 은혜를 원수로 갚는다. 남이 성공하는 것을 보면 단지 운이 좋았기
때문이라고 여긴다. 그렇게 항상 원망 속에서 살기 때문에 스스로를 더
욱 고통스럽게 만든다. 그러나 감사할 줄 아는 사람은 아무리 큰 시련이
닥쳐도 거뜬히 이겨낸다. 자신이 남에게 요구할 권리가 없음을 잘 알기
에 남들의 도움을 소중히 여기고 진심으로 감사할 줄 알기 때문이다.

"남에게 받은 도움이 작더라도 크게 갚아야 한다."는 속담이 있다. 남
들의 도움과 배려를 받았다면 가슴 깊이 새기고 감사할 줄 알아야 한
다. 세상에 당신을 도와야 할 의무를 가진 사람은 없기 때문이다. 타인
의 작은 관심과 정성에 감사할 뿐만 아니라 자신도 남에게 이런 배려를
해야 한다. 설령 우리의 적일지라도 감사하는 마음을 잊어서는 안 된
다. 우리에게 성공을 가져다주고, 지혜와 용기를 주는 것이 우리의 적
일 수도 있기 때문이다.

이유는 알 수 없지만 살다 보면 주는 쪽과 받는 쪽이 생기기 때문에 만물 간에 관계가 형성되는 것이다. 우리는 그들을 좀더 존중해 주고, 미소 지어주고 가끔 안부를 물어주기만 하면 된다. 항상 남과 자신을 위해 더 많이 감사하고 베풀고 미소 짓자.

변화 심리학의 권위자인 앤서니 라빈스는 말했다.

"성공을 향한 첫걸음은 남들이 자신을 위해 해준 모든 것에 경의와 감사하는 마음을 갖는 것이다. 만일 우리 모두가 감사하는 마음을 잊지 않는다면, 우리 사회는 더 조화롭고 친밀해질 것이다. 또한 우리 역시 건강하고 유쾌해질 것이다."

선입견을 버려라

창의적인 일을 하는 사람들은 기존에 없던 새로운 것을 선보인다. 그
들이 내놓은 결과물들에 대해 사람들은 기존의 틀을 과감히 벗어났으
며 신선한 충격을 안겨준다고 입을 모은다. 이를테면 고정관념의 틀인
선입견을 버리고 새로운 시각에서 사물을 보았기 때문에 창조적인 결
과를 낳았다는 말이다.

고정관념의 틀에서 벗어난 다른 사람에 대한 평가는 정확하면서도
정작 자기 자신은 선입견의 틀에 갇혀 있는 이들이 적지 않다. 그들은
배움의 많고 적음이나 지능지수의 높고 낮음에 상관없이 객관적인 사
물을 정확하게 인식하지 못하는 오류를 범하곤 한다. 이유는 뭘까? 바
로 선입견 때문이다. 실제로 선입견이 우리의 행동을 지배하는 경우는
많다.

어떤 사람이 자신의 신발 양 볼과 밑창이 다 해진 것을 발견하고는 기회가 오는 대로 반드시 신발 한 켤레를 사야겠다고 생각했다. 드디어 돈이 생겼고 신발을 사기로 결정했다. 그는 제화점에 가기 전에 끈으로 자기 발 치수를 재고는 끈을 의자 위에 올려놓고 길을 나섰다. 뛰고 걷기를 반복해 20리나 떨어진 번화가의 제화점에 도착했다. 거리는 사람들로 붐볐고 다양한 물건들이 진열대 위에 놓여 있었다. 그는 곧장 제화점에 들러 신발을 구경했다. 주인이 보여준 신발들을 이것저것 비교한 뒤 가장 마음에 드는 한 켤레를 골랐다. 그러고는 새 신발의 크기를 비교해 보려고 발 치수를 표시해둔 끈을 찾았으나 끈은 보이지 않았다. 그제야 그는 의자 위에 놓고 왔다는 것을 알았다. 다시 집으로 돌아가 끈을 가지고 서둘러 다시 장으로 왔으나 제화점은 문을 닫은 상태였다. 허망해 하는 그를 지켜보던 한 사람이 물었다.

"차라리 신발을 살 때 직접 한번 신어보지 그랬어요?"

"그건 안 되죠. 실제로 재어본 치수가 정확하지 제 발은 정확하지 않습니다. 발의 크기는 아침 점심 저녁 때에 따라서 조금씩 달라지거든요. 그래서 저는 치수를 믿지, 제 발은 믿지 않거든요."

행인들은 그의 대답을 듣고 웃음을 터뜨렸다.

선입견과 고정관념은 무서운 결과를 낳기도 한다. 자기 자신에게만 아니라 많은 이들에게 아주 큰 실수를 저지르는 사고를 만들 수도 있기 때문이다.

언론사 기자의 예를 들어보자. 어떤 기자가 취재를 나가기 전에 그 문제에 대한 결론을 미리 내렸다면, 그 결론에 상응하는 기사를 찾아 자신의 견해를 입증하려 할 것이다. 기자의 행동은 선입견이라는 함정에 빠진 것이다. 자신이 내린 결론 때문에 그의 주의력은 결론과 일치하는 사실에만 집중되고 결론과 모순되는 사실은 간과해버린다.

이를테면 대규모 경제개발단지 조성이 현지의 경제 발전에 가장 효과적인 방법이라는 결론을 내렸다면 취재는 결론을 증명할 방향으로 집중된다. 그는 수백만 달러에 달하는 외자 유치와 생산액 및 세수입, 고층 건물이 즐비한 현대화된 도시의 사진 등 일부 도시의 성공 사례를 쉽게 찾을 수 있을 것이다. 그러나 그것은 개발단지 건설의 일면에 불과하다. 개발로 인해 사라진 비옥한 전답, 발전 없는 개발, 황폐해진 토지, 살 터전을 잃은 농민들, 훼손된 환경 등, 이런 사실을 간과하거나 직시하려 하지 않는다는 점은 엄청난 실수인 것이다. 이 기자의 기사만 믿은 후 훗날 피해를 보게 될 사람들을 생각하면 이는 실수 차원을 떠나 불특정 다수에게 행한 사기성 허위보도로 범죄나 다름없는 셈이다.

적잖은 사람들이 평생 잘못된 생각을 가지고 살아간다. 잘못된 사상, 환상, 집착이 뇌리에 뿌리 깊게 박혀 고정관념이 형성되는 것이다. 그들은 자신의 경험과 세상에 대한 이해를 통해 개인의 생각을 정립하려 하지 않았다. 그들의 생각은 다른 사람의 생각이다. 그 결과 그들은 어떤 문제에 대해 자신의 주관적인 견해나 생각을 발언할 수 없게 된 것이다.

자신의 선입견을 고집하는 것은 보수적이고 시대에 뒤떨어진 행동이다. 자신의 발전과 성장을 가로막는 장애물인 동시에 사회의 진보와 인류의 발전을 방해하기도 한다. 물론 시대변화와 상관없이 그 깊은 의미가 변하지 않는 고정관념, 즉 선조들로부터 철학처럼 이어져온 일부 선입견은 사물을 좀더 빠르게 인식하는 데 도움이 될 수도 있다. 하지만 우리는 마냥 선입견을 고집해서는 안 되며 더 유연하게 사고할 줄 알아야 한다. 사물의 한 단면이 기존의 사고와 모순될 때는 과감히 기존의 가치관을 부정하고 상황에 맞게 해석할 줄 알아야 한다. 선입견을 버리고 사물의 본질로 돌아가 사고하고, 자연 상태로 돌아가 생명에 대해 느끼고 깨달아야 한다. 창조 정신을 가진 사람은 항상 선례를 타파한다. 낡은 규칙과 시대에 부합하지 않는 질서를 결코 그냥 보고 넘기지 않는다.

미국 남북전쟁 승리의 상징적 인물인 율리시스 그랜트 장군은 전투 시 군사학 교과서에 나오는 작전 선례를 따르지 않았고 이 때문에 다른 장교의 비난과 반대에 부딪쳤다. 하지만 그는 미국의 남북전쟁을 종식시킨 위대한 장군이 됐다.

현실과 동떨어진 전통적 사고와 비합리적인 선입견을 버리고 새로운 사고와 도전을 감행하는 것은 멋진 일이다. 세상을 바꾸는 힘은 바로 여기서 나오는 것이다.

용서하는 것이
이기는 것이다

어느날 한 고승이 지인의 잔치에 초대되어 갔다. 정성스레 차려진 많은 야채 요리 가운데 한 요리에 돼지고기가 섞여 있는 것이 발견되었다. 고승과 함께 간 제자는 일부러 고기를 골라내어 주인에게 보여주려 했지만 고승이 얼른 자신의 젓가락으로 고기를 숨기는 게 아닌가? 제자가 다시 돼지고기를 골라내자 고승이 또 고기를 숨기며 제자의 귀에 나직이 속삭였다.

"네가 또 고기를 골라내면 그때는 내가 그 고기를 먹어버리겠다."

그 말을 들은 제자는 더 이상 고기를 골라내지 않았다. 잔치가 끝나자 고승은 주인에게 작별 인사를 했고 돌아오는 길에 제자가 궁금해 하며 물었다.

"그 집 요리사는 우리가 고기를 먹지 않는다는 사실을 잘 알고 있을 텐데 왜 야채 요리에 돼지고기를 넣었는지 이해할 수 없습니다. 그리고 스님께서는 왜 고기를 숨기셨는지요?"

그러자 고승이 말했다.

"사람은 누구나 고의든 아니든 실수를 할 수 있는 법이며 만약 주인이 알았다면 그는 분명히 화를 냈을 테지. 여러 사람들 앞에서 요리사를 망신주거나 해고했을지도 모른단 말이지. 그러니 차라리 고기를 먹는 한이 있더라도 그런 일은 내가 바라는 일이 아니란다."

이치에 맞게 처신해야 하는 것은 당연한 일이다. 하지만 타인이 이치에 맞지 않는 행동을 했다고 해서 그를 미워하거나 용서하지 않으면 그것은 덕이 부족한 사람의 모습이다. 잘못한 사람을 용서하면 뜻밖의 기쁨과 감동을 얻을 수 있다. 이는 사회생활의 대인관계에서 매우 중요한 처신법이다. 그러니 요리사의 실수를 덮어 주려 했던 고승의 일화는 역시 그가 제자들로부터 존경받는 고승일 수밖에 없음을 보여준 단면인 것이다.

사람들의 가치관과 생활환경은 모두 다르다. 그러므로 서로 간에 의견 차가 생기는 것은 당연하다. 사람들은 체면과 이익 때문에 싸움에 휘말리면 자신도 모르게 조급해 한다. 그리고 상대의 의견이 이치에 맞지 않으면 그가 항복할 때까지 용서하지 않는다. 이치에 맞지 않는다는 이유로 남을 용서하지 않음으로써 순간적으로는 승리의 나팔을 불 수도 있다. 그러나 그것은 싸움의 불씨가 되어 후에 큰 화를 부를 수 있다. 상대는 이번에는 패했지만 체면과 이익을 위해서 다시 싸움을 걸어올 것이기 때문이다.

실수나 잘못을 저지른 사람에게 시정할 기회를 주는 것은 덕이 있고 그릇이 큰 사람의 면모다. 상대의 행동이 이치에 합당하지 않더라도 몰아세우지 않고 용서하는 것은 매우 현명한 처신인 것이다. '용서할 수 있는 만큼 용서하라.' 는 말이 있다. 상대방에게 시정할 기회를 주고 체면을 세워주는 것은 그리 어려운 일이 아니다. 그렇게 할 수 있다면 자신에게도 이로울 것이다.

만일 실수나 잘못을 저지른 상대를 용서하지 않고 궁지로 내몰았다고 치자. 그 다음은 어떤 일이 벌어질까? 상대의 복수 심리를 자극하게 될 것이다. 결국 상대는 수단과 방법을 가리지 않을 것이며 그로 인해 해를 입게 될 것이다.

하지만 먼저 상대에게 물러설 여지를 준다면 그는 자신을 용서하고 배려한 사람에게 앙심을 품거나 해를 끼치지 않을 뿐만 아니라 오히려 고마워 할 것이다. 이것이 인간의 본성이다.

세상은 넓다고 하지만 때로는 의외로 좁은 게 세상이다. 성격이 다혈질이어서 불만을 품고 자신에게 자주 대들던 부하직원이 있었다고 치자. 그때마다 상대를 잘 다독이면서 상황을 이해시키고 실수를 해도 눈감아주었는데 어느날 출장 중 유럽의 어느 도시에서 우연히 이민 생활을 하고 있는 그를 만났다고 하자. 아니면 자신의 회사에서 근무할 당시 일이 서투르고 언어가 통하지 않아 무시하고 임금을 제때에 주지 않은 외국인 근로자를 동남아의 어느 관광지에서 만났다고 치자. 전자와 후자 중 어떤 사람이길 원하는가? 적어도 외나무다리에서 적을 만나는 불편한 일을 만들고 싶지 않다면 후자 같은 사람이 되어서는 안 된다.

‘사람이 이치를 모른다는 것은 단점이고, 이치만을 고집하는 것은 맹점이다.’ 라는 명언이 있다. 자신의 행동이 옳을 경우, 타인을 용서하는 태도가 기고만장한 태도보다 타인을 설득하고 변화시키는 데 더 효과적이다. 자신이 옳다는 사실을 인정받았는데 상대를 몰아붙일 필요가 있을까? 타인을 용서하면 기쁨과 해방감을 맛보게 된다.

원망 대신 태도를 바꿔라

세상을 탓하고 남을 원망하는 습관을 지닌 사람들이 있다. 그들은 세상이 모든 사람들에게 공평하지 않다는 생각에 불만을 품고 세상을 탓하고 자신보다 더 나은 위치의 사람들에게 반감을 갖고 현재 자신의 처지를 원망한다. 가까운 지인이라면 그들에게 안타까운 시선으로 동정표라도 던져주지만 모르는 이라면 십중팔구는 말한다. '안 되면 조상탓 하지. 정작 제 능력이 모자란 것은 모르면서.' 라고.

원망은 의미없는 한탄이자 자신의 부족함이나 무능력함을 드러내는 핑계일 수도 있다. 무엇보다도 원망은 자신의 운명을 바꾸지 못할 뿐더러 당신을 더욱 의기소침하게 만들 것이다. 뿐만 아니라 과거의 불행을 되풀이하게 하고, 부정적인 생각과 불만을 더욱 가중시킬 것이다. 원망이 많은 사람은 자신을 잘 모르며, 자신의 부족함을 인정하지 않은 채,

그저 원망만 늘어놓기 때문이다.

늙은 당나귀가 깊은 구덩이 속에 빠져 밖으로 나오지 못하고 있었다. 주인은 당나귀가 너무 늙었다는 생각에 구해주지도 않고 그냥 가버렸다. 당나귀도 처음에는 빠져나가려고 안간힘을 썼지만 주인이 자신을 버리고 가버린 사실을 알고 난 후에는 살아야겠다는 희망마저 포기해버렸다.

얼마 후, 어떤 사람이 구덩이 속으로 쓰레기를 버리자 당나귀는 너무 화가 나 운이 나쁜 자신을 원망했다. 구덩이에 빠지고 주인에게 버림받은 것도 모자라 매일 쓰레기 더미 속에 갇혀 악취를 맡아야 하니 죽으려 해도 편히 죽을 수 없는 처지가 된 것이다. 아무리 원망을 해도 상황은 변하지 않았다. 사람들은 계속해서 구덩이 속으로 쓰레기를 버렸다.

그러던 어느날, 당나귀는 자신의 삶의 태도를 바꿔야겠다고 결심하고 더 이상 원망 섞인 말을 하지 않았다. 쓰레기 속에서 먹을 것을 찾아 목숨을 이어가던 당나귀는 결국 발밑에 쌓여가는 쓰레기를 발판 삼아 다시 땅 위로 올라왔다.

위기나 힘든 상황에 처했을 때 어떤 태도를 갖느냐에 따라 그 다음의 길이 달라진다. 한마디로 인생이 달라진다. 늙은 당나귀가 계속해서 신세한탄만 하고 있었다면 죽음밖에 맞이할 게 없었겠지만 인생의 태도를 바꾸자 땅 위로 올라올 수 있었던 것처럼 말이다. 삶이 아무리 큰 시련을 줄지라도 결코 원망하지 말아야 한다. 인생의 태도를 바꾸면 누구든지 당나귀처럼 모든 시련을 견디고 자신을 발전시킬 수 있다.

원망은 사람들의 사고와 가치관에 큰 영향을 미친다. 원망은 의미 없는 잠꼬대 같아서 많이 해봤자 소용이 없다. 오히려 기회만 놓치고 성과를 내지 못하게 할 뿐이다. 원망은 인성의 눈을 멀게 할 뿐만 아니라, 인성의 악성종양과도 같다.

마오쩌둥은 이런 말을 했다.

"원망은 슬픔을 이기게 하지만 인생은 긴 여정이므로 멀리 내다봐야 한다."

살면서 원망할 꺼리는 무수히 많다. 가정 형편이 어려워서, 명문대 출신이 아니라서, 애인이 가난해서, 여자 친구가 못생겨서, 상사의 성격이 고약해서, 좋은 직장이 아닌데다 월급이 적어서, 특별한 기술이 없어서 등등. 지금 남들보다 힘들고 괴롭다고 해서 원망하지 마라. 살면서 뜻대로 되지 않는 일이 있더라도 원망하지 말고 꿋꿋이 살아야 한다.

어느 분야든 정상에 올라선 사람들을 보면 그들에게는 공통점이 있다. 하나같이 시련을 겪었으며 그 시련을 새로운 도전의 발판으로 삼았다는 것이다. 성공하고 싶다면 오늘보다 더 나은 내일을 만나고 싶다면 지금 처한 상황을 원망하지 말아야 한다. 남을 부러워할 필요도 없다. 물에 가서 물고기를 탐내기보다는 물러나 그물을 던지는 것이 더 낫다. 철저히 준비하여 자신을 위한 땅을 가꾸어나가는 것이 현명한 사람의 선택이다.

칭찬은 자주 하고
비판은 달게 들어라

유치원생이나 저학년 아이들을 가르치는 교사들은 부모들을 만나면 가장 많이 하는 말이 있다.

"어머니! 아버님! 우리 ○○에게 칭찬 많이 해주세요. 아이들은 칭찬을 먹고 큰답니다. 아셨죠?"

그야말로 뻔한 상투적인 말 같지만 이 말은 진심이고 사실이다. 『칭찬은 고래도 춤추게 한다』는 책이 베스트셀러가 된 데는 그만큼 많은 사람들이 칭찬의 중요성에 공감을 한다는 얘기다. 칭찬은 어리아이만이 아니라 어른에게도, 팔십 넘은 노인에게도 영양제 못지않게 힘이 되는 언어의 힘이다. 이 때문일까? 화술의 기본 원칙 중 하나도 상대와 친해지고 상대에게 관심과 호감을 얻으려면 먼저 칭찬을 하라고 한다. 칭찬이라고 해서 그리 거창할 것은 없다. 작은 것 한 가지만 칭찬을 해줘도 상대의 마음은 날아갈 듯 즐거워진다. 이를테면 직장에서나 동네 길가에서 마주친 사람들에게 이런 식의 가벼운 칭찬만 해도 인간관계에서는 성공으로 가는 문을 열수 있다.

"부장님, 스카프가 정말 세련됐고 오늘 패션스타일에 너무 잘 어울립니다."

"어머! 경자 엄마, 머리 어디서 했어요? 십년은 더 젊어 보여요."

"김대리! 늘 웃는 모습 너무 좋아요. 김대리 보면 나도 힘이 저절로 생겨요."

모든 사람들은 남에게 비난이 아닌 칭찬을 받고 싶어 한다. 이것이 인성의 특징이다.

어느 철학자는 "인간은 논리적인 동물이 아니라 감정의 동물이다. 인간의 논리는 아주 작은 조각배처럼, 아득하고 거센 파도가 몰아치는 감정의 바다를 떠돌고 있다."라고 했다.

일상생활에서 예를 들어보자. 한 여자가 질이 좋지 않은 옷을 비싸게 사서 크게 후회했다. 그런데 어떤 사람이 그녀에게 옷이 비싸기만 하고 질은 나쁘다고 말하자 그녀는 그 사실을 강하게 부정했다. 만약 그가 옷이 괜찮아 보인다고 말했다면 그녀는 비싸게 샀다는 사실을 인정했을 것이다. 그녀가 강하게 부정한 이유는 옷이 마음에 들어서가 아니라 자신의 어리석은 행동을 인정하기 싫고 남들에게 어리석은 사람으로 보이기 싫어서이다.

사람들은 왜 칭찬은 듣고 싶어 하고 비난은 듣기 싫어할까? 브랜다이스 대학 교수인 매슬로의 욕구이론에 따르면 인간에게는 모두 존중받고 싶어 하는 욕구가 있다. 즉 지위, 권세, 신뢰에 대한 욕구와 명예와 명망에 대한 욕구, 그리고 신분, 권력, 존중에 대한 욕구가 있는데 칭찬은 인간의 이러한 욕구를 가장 확실하게 만족시켜준다. 심리학자들이 지적한 것처럼 사람은 누구나 인정받고 싶어 하는 욕구가 있기 때문에 자신의 가치가 인정받았다고 생각되면 기뻐서 어쩔 줄 몰라한다. 하지만 이런 욕구가 자신에 대한 이성적인 판단과 충동할 경우에는 객관적인 자아 인식능력이 제대로 발휘되지 못한다.

사람들은 인정받고 싶은 욕구 때문에 이상적인 자아를 현실의 자아로 여기며 만족해 한다.

중국 북제의 안지추가 지은 『안씨가훈(顏氏家訓)』에는 이런 이야기가 있다.

병주에 사대부의 자제가 있었는데, 그는 시나 시와 산문의 성격을 모두 갖춘 독특한 문학 형식의 글을 짓기 좋아하였으나 성격이 비루했다. 사람들은 그를 놀리려고 거짓으로 비아냥 같은 칭찬을 했는데 그는 그 말을 곧이곧대로 믿고 술자리를 마련하려고 했다. 그러자 그의 아내가 울면서 제발 웃음거리가 되는 일은 하지 말라고 부탁했는데 그는 한탄을 하며 이렇게 말했다.

"아내가 내 재주를 인정하지 않는데 내가 더 이상 살아서 무엇 하랴!"

극단적인 예 같지만 근거 없는 자부심을 앞세워 자신을 제대로 판단하지 못하는 사람이 우리 주변에도 많다. 아마 우리 자신도 어느 정도 이런 단점을 가지고 있을 것이다. 하지만 사람은 신이 아니기 때문에 누구나 실수를 할 수 있고 누군가가 그것을 지적해 주면 진정어린 조언으로 받아들이고 개선하면 된다.

타인의 비판은 자신의 단점을 발견할 수 있는 좋은 방법이다. 우리는 기쁜 마음으로 이를 받아들여야 한다. 보통 사람들은 남의 비판에 기분나빠 하지만, 지혜로운 사람들은 오히려 비판을 통해 새로운 것을 배운다.

조직관리에 뛰어난 힘을 발휘한 어느 CEO는 이런 말을 했다.

"칭찬은 아무리 해도 넘치지 않으니 만나는 사람들에게 아주 사소한 것일지라도 한 가지씩 칭찬을 하는 습관을 가지면 사람들은 저절로 다가온다. 반대로 상대의 쓴 소리는 거부하거나 흘려듣지 말고 새겨들어야 한다. 비판은 어떤 사람이 하는 것일지라도 그것을 진지하게 받아들이고 실제로 자신의 단점으로 확인된다면 스스로 개선하면 된다. 상대로 인해 자신이 더 나은 사람이 될 수 있으니 비판 또한 감사하게 받아들이는 자세가 필요하다."

다시 말해 이 말은 다른 사람에 대한 칭찬은 많이 하되 다른 사람이 나에게 하는 비판은 고맙게 받아들이는 사람이 현명한 사람이라는 얘기다. 더 넓게 생각한다면 칭찬은 곧 상대를 내 사람으로 만들 수 있고 상대가 해주는 비판은 자신 스스로 단점을 보완할 수 있는 길이라는 것이다.

사랑하고 싶다면 풀어줘라

'자유'는 보기엔 쉬워 보이나 결코 쉬운 일이 아니다. 오랜 세월 동안 인류가 추구하고 동경해온 테마다. 영국의 철학자 토머스 홉스는 자유는 인간의 자연적 상태라고 했다. 하지만 자연적이기보다는 인공적인 환경에 가까운 현 시대에서 자연적인 상태를 추구하기란 그리 쉬운 일이 아니다.

새장 속에 새 한 마리가 있었는데 왔다 갔다 하는 폼이 아주 불안해 보였다.

"주인님, 절 풀어주세요! 바깥세상은 정말 아름다울 거 같아요."

주인은 깜짝 놀랐다.

"어떻게 그런 위험한 생각을 하니? 네가 무슨 말을 하고 있는 줄 알기나 해? 그런 쓸데 없는 생각일랑 당장 거두어라!"

"저에게 얼마나 잘해 주시는지 저도 잘 알아요. 하지만 숨이 막혀 죽을 것 같아요."

새는 주인의 말을 듣고도 생각을 바꾸지 않았다.

"뭐가 널 그렇게 숨 막히게 하지? 이곳만한 데도 없단다. 고양이가 괴롭히지도 않지, 독수리가 노리지도 않지, 여기보다 자유로운 곳은 없다고. 먹고 싶으면 먹고, 자고 싶으면 자고, 노래하고 싶으면 노래하고, 얼마나 자유롭니? 바깥세상은 위험이 도사리고 있단다. 네가 나간다면 며칠도 안 돼 다른 동물의 사냥감이 되고 말거야."

주인은 노파심에 거듭 충고했다. 새는 슬픈 눈으로 창밖만 바라볼 뿐 먹지도 자지도 않으며 점점 야위어갔다. 이를 지켜보며 주인은 가슴 아파했다.

사람마다 자유에 대한 해석은 다르다. 주인은, 고양이의 날카로운 발톱이나 독수리의 뾰족한 부리에 의해 공격받을 일도 없고, 먹고 싶으면 먹고 자고 싶으면 자고 노래하고 싶으면 노래할 수 있으니 새가 정말로 자유로울 것이라 생각했다. 그러나 새는 결코 자신이 자유롭다고 생각하지 않았다. 새에게 자유는 '드넓은 바깥세상'이었기 때문이다.

새도 자유를 추구하는데 하물며 인간이 자유를 추구하고 동경하는 것은 당연한 일이다. 그것은 인간의 본성으로 누구나 자유를 누리고 싶어한다. 하지만 우리는 사람과 사물을 너무 사랑한 나머지 그들을 지나치게 보호하는 가운데 그들이 마땅히 누려야 할 자유까지 무시하고 만다. 지나친 사랑으로 상대방의 자유가 침해되면 그 사람의 사랑뿐만 아니라 그 사람까지도 잃고 만다.

부모는 자식을 조건 없이 사랑한다. 그래서 부모의 사랑을 찬미하는 아름다운 노래와 이야기들은 수없이 많다. 사람들은 '작은 태양'이라 떠받들어지는, 그저 원하기만 하면 무엇이든 얻을 수 있는 아이들이 분명 자유롭고 행복할 것이라고 생각한다. 안타깝게도 정작 아이들은 부모의 지나친 사랑으로 자신들의 진정한 자유를 잃었다고 생각한다. 아이들은 옷 입기, 행동하기, 놀이하기, 음악 듣기, 책 읽기 등 모든 부문에서 자신이 좋아하는 일을 할 자유가 없고 부모가 정해준 대로 따라야 한다. 부모는 이렇게 해야 안심하는데, 실상 그들은 중요한 것을 놓치고 있다.

이런 사랑은 아이의 성장을 방해하는 새장 같은 것으로 아이의 자유, 자립심, 학습 능력을 제약한다. 그 결과 아이는 게으르고 이기적이며 제멋대로 행동하고 겁 많고 소심하며 그저 순종하기만 하는 아이로 자란다. 심한 경우 자폐증이나 우울증 같은 심리질환까지 앓게 된다.

사랑에 자유가 있는가? 물론 있다. 사랑은 본심에서 우러나온 행동이지 상대를 소유하려고 잘 보이기 위해 하는 행동이 아니다. 자신이 사랑하는 사람에게는 자유를 주어야 한다. 하루 종일 감시하고 영혼까지 소유하려 해서는 안 된다. 그에게는 나와의 관계 외에도 친구와 동료와의 관계도 있다는 사실을 기억해야 한다. 사랑이 지나치면 구속과 통제가 되어 상대를 숨 막히게 할 것이다.

한 TV드라마에서 주인공은 부모 없이 자라면서 세상으로부터 많은 상처를 입었다. 그는 첫 번째 부인에게 배신당한 경험 때문에 두 번째 부인을 소유하고 구속하려 했다. 부인을 때리기 전에 주인공은 항상

"낯선 사람과 이야기하지 말라."는 말을 했다. 주인공은 자살하기 전에 이런 말을 했다.

"내가 폭력을 행사하고 살인을 한 것은 정신적인 문제 때문이 아니라 아내에 대한 지나친 사랑 때문이었다."

하지만 그의 사랑은 소유욕으로 포위하는 사랑이었을 뿐 자유가 보장된 진정한 사랑은 아니었다.

자유는 결코 마음 가는 대로 행동하고, 하고 싶은 대로 하는 것이 아니다. 자연적인 제약이든 인위적인 제약이든, 세상에 제약 없는 자유는 없다.

에덴동산의 아담과 이브도 자유인이었지만, 선악과의 과일을 먹을 수 없다는 하느님의 제약에 따라야 했다. 이렇듯 현실 생활 속 자유는 상대적인 것으로, 규범 안에서 자유롭게 행동해야 한다.

자유에는 신체적인 자유와 심리적인 자유가 있다. 심리적으로 자유롭지 못한 자에게는 신체적인 자유를 주어도 이를 느끼지 못할 것이다. 심리적인 자유는 신체적인 자유보다 더 중요하다. 진정으로 절대적인 자유는 우리 마음속에 있다. 자녀를 배우자를 사랑한다면 상대에게 먼저 자유를 주어야 한다. 그렇게 해야 아이들은 건강하게 자랄 수 있고, 배우자는 구속당하지 않는 자유로움에 즐거워할 것이다. 이는 곧 자기 자신도 행복해지는 길인 것이다.

남의 고기 탐하지 말고
고기 잡는 법을 배워라

옛날에 생선을 아주 좋아하는 사람이 있었다. 하루는 이웃 사람이 잡아온 물고기를 보고는 군침이 돌았다. 너무 먹고 싶은 나머지 참지 못한 그는 체면 불구하고 이웃집에 가서 생선 두 마리를 얻어왔다. 다음 날도 이웃을 찾아가니 이웃이 웃으며 또 생선 두 마리를 주었다. 셋째 날 그가 찾아갔을 때 이웃은 그에게 낚싯대와 '낚시 비법'이란 책을 주었다. 그러자 염치도 없는 그 사람은 이웃에게 화를 내며 이렇게 말했다.

"내가 생선을 달랬지, 낚싯대와 낚시 책을 달라고 했어요? 쩨쩨한 겁니까? 아니면 바보입니까?"

'적반하장도 유분수지'라는 말이 저절로 나오는 참으로 어이없는 일이다. 낚시 비법을 알고 낚싯대까지 있으면 낚시를 해서 항상 생선을 먹을 수 있는데도 불구하고 굴러들어온 복을 제 발로 찬 것이다. 그런데 의외로 많은 사람들이 '생선'만 생각하지 '생선 잡는 법'을 배울 생각은 전혀 하지 않는다. 그들은 훌륭한 부모를 가진 사람, 엄청난 재산 상속을 받은 사람, 그리고 똑똑하게 태어난 사람을 부러워하고 질투할 뿐 결코 노력하거나 공부해 자신을 갈고 닦으려고 하지 않는다. 부러움으로 허송세월만 보낼 뿐이다.

사람은 본래 선한 근성을 지녔지만 쉽고 유리한 방법을 찾다 보면 자신도 모르게 비정상적인 방법을 택하거나 악에 가까운 실수를 범하기도 한다. 이를테면 우리가 익숙하고 쉬운 일만 골라서 하려고 하고 힘들고 어려운 일은 하려고도 배우려고도 하지 않을 때가 그렇다. 이야기 속 주인공은 이웃 사람의 말을 이해 못한 게 아니라 힘들게 배우기가 싫었던 것이다.

어느 유명 기업인이 강연회에서 청중들에게 스케줄 리스트 하나를 보여주었다. 스케줄 리스트에서 일상 업무는 중요하면서 급한 일, 중요하지만 급하지 않은 일, 중요하지는 않지만 급한 일, 중요하지도 급하지도 않은 일 등 네 가지로 나뉘어 있었다. 중요하면서 급한 일을 제일 먼저 처리해야 한다는 사실은 누구나 알고 있다. 그러나 중요하면서 급하지 않은 일과 중요하지 않지만 급한 일, 이 두 가지는 어떻게 구분하는가. 기업가는 업무를 분류하게 한 후 중요하지만 급하지 않은 일을 먼저 하라고 했다. 많은 사람들이 성공하지 못하는 이유는 그들이 중요하지 않으면서 급한 일을 먼저 선택하기 때문이라고 한다. 우리도 일상생활에서 그런 선택을 하고 있지는 않은가? 사람들이 급하지만 중요하지 않은 일을 먼저 선택하는 이유는 그런 일들이 간단하고 쉽기 때문이다.

중요하지만 급하지 않은 일은 우리에게 익숙하지 않고, 그래서 더 많은 노력과 인내심이 있어야 해낼 수 있기 때문이다.

해야 할 일을 습관적으로 선택한다면 성공할 수도 있고, 실패할 수도 있다. 그러나 습관적인 사고와 게으름을 버린다면 반드시 성공할 수 있다. 성공하는 기업인은 항상 남과 다른 선택을 한다. 바로 중요하지만 급하지 않은 일을 중요하지는 않지만 급한 일보다 먼저 한다는 것이다.

그래서 성공할 수 있다고 한다. 남에게 생선을 요구하는 대신 낚시를 배우는, 중요하고 어렵지만 급하지 않은 일을 선택했더라면 분명 생선에 대한 욕망은 충족됐을 것이다.

'고기를 주는 것보다 고기 잡는 법을 가르쳐주는 것이 낫다.'는 말이 있다. 남의 '고기'를 탐하지 말고 언제 '고기 잡는 법'을 배워야 할지를 스스로 깨닫는 것은 곧 성공을 위한 출발이나 다름없다.

우정은
명예보다 더 소중하다

'명성, 명예, 기쁨, 부가 중요하다고 하지만 우정에 비하면 새털처럼 가벼운 것이다.' 라는 말이 있다. 진정한 우정은 시간이 흐를수록 더욱 깊어지는 것이기에 소중하지 않을 수 없다. 우정은 우리의 삶을 충만하고 조화롭게 하며 고독을 느끼지 않게 해주어 삶을 더욱 의미 있고 가치 있게 만든다. 특히 나이 들수록 사람들은 친구만큼 허물없이 편하고 가까운 존재는 없다고들 말한다. 때문에 요즘 같은 100세 시대에는 노년기에 배우자 못지않게 우정 깊은 친구가 가까이 산다면 그 또한 축복받은 일이라고들 말한다.

어느날 당나귀와 여우가 함께 사냥을 나갔다가 사자를 만났다. 여우는 위험을 직감하고 사자에게 다가가 자신을 살려주면 당나귀를 재물로 바치겠다고 제안했다. 사자가 승낙하자 여우는 당나귀를 속여 함정에 빠뜨렸다. 하지만 사자는 당나귀가 더 이상 도망갈 수 없음을 알고, 먼저 여우를 잡아먹고 나서 당나귀를 해치웠다. 여우는 위기에 처하자 당나귀와의 우정을 헌신짝 취급했고, 당나귀를 재물로 바쳐 살아날 궁리만 했다. 그리고 둘 다 잡아먹겠다는 사자의 속셈은 전혀 눈치채지 못했다. 당나귀와 힘을 합쳤다면 어떠했을까?

우정을 헌신짝처럼 여긴 여우의 간사한 행동은 결국 스스로를 함정 속에 빠트린 셈이다.

우정이란 서로 관심을 가져주고 지지하며 그리워하는 것이다. 사람은 사회의 일원으로 타인과의 교류가 필요하고 이해, 관심, 감정의 교류가 필요하다. 그것은 유년기부터 시작되며 첫 만남이 친구, 즉 우정의 대상이다. 그러니 우정은 인생에서 빛과 소금 같은 것이다.

우정을 배반하는 것은 부끄러운 짓이며 비참한 일이다. 위기를 모면하기 위해 우정을 버리는 사람은 다른 이들로부터 멸시를 당하고, 친구들 역시 그에게서 등을 돌릴 것이다. 이런 사람은 설사 친구를 사귀더라도 오래가지 못한다. 가까운 친구가 없는 사람은 고민이 있어도 털어놓을 친구가 없고, 성공해도 함께 기뻐해 줄 친구가 없어 평생 고독 속에서 살게 된다. 의지할 곳 없이 외롭고 고독한 모습이 얼마나 가련하고 비참한가?

친구를 팔고 우정을 배반한 자에게는 비참한 결과가 기다린다. 자신의 이익을 위해 친구를 사귀어서는 안 된다. 그런 생각을 가진 사람은 위급한 순간에 친구를 배반할 우려가 있다. 나중에 도움이 될 듯한 친구라서 사귀는 것도 나쁜 행동이다. 친구는 도움을 주고받을 수 있어야 하기 때문에 도움만 받겠다는 마음으로 친구를 사귄다면 그 우정은 오래가지 못한다. 진정한 우정은 솔직하고 진실하며 서로 마음을 여는 것이다. 기만으로 맺어진 우정은 우정이 아니다.

중국 속담에 '길이 멀어야 말의 힘을 알고, 사람은 지내봐야 안다.' 는 말이 있다.

진정한 우정은 수많은 시련 속에서도 변하지 않는다. 우정은 말만 가지고 되는 것이 아니며 반드시 행동이 뒤따라야 한다. 하루 이틀 만에 만들어지는 것이 아니라 많은 시련을 함께 이겨내는 가운데 만들어지기 때문이다.

친구가 어려울 때 도움의 손길을 내밀어야 하고, 위기에 처했을 때 자신의 일처럼 발 벗고 나설 수 있어야 한다. 고난을 함께하는 친구만이 진정한 친구인 것이다.

그렇다면 생각해 보자.

'과연 나는 힘든 친구를 위해서 무엇을 한 적이 있는가? 내가 어려울 때 전화만 받고도 달려올 친구들이 몇이나 되는가?'

나만의 콘텐츠를 만들자

'구슬이 서 말이라도 꿰어야 보배다.' 라는 속담이 있다. 어떻게 보면 요즘 같은 정보화시대에 더 잘 통하는 말인 것 같다. 어떤 즐거운 소재든, 자신의 재능이든, 혼자서만 알고 있거나 즐길 게 아니라 이왕이면 보다 많은 사람들과 공유하거나 많은 이들 앞에서 펼쳐 보이는 것이 좋다.

요즘은 누구나 한두 가지 취미생활이나 주특기들을 다 갖고 있다. 그만큼 자기 취향에 맞는 활동들을 많이 한다. 그러면 재능이나 특기를 콘텐츠화시켜서 세상에 널리 알리는 것, 정말 멋진 일 아닐까. 그러면 인생이 더욱 멋지고 즐겁고 유익할 것이다.

최근 일본에서 인기를 끌고 있는 평균연령 67세의 남성 5인조 신인 그룹 '지팝' 의 가수 데뷔활동은 노년기 인생의 희망의 메시지를 전한다. '지팝'. 일단 이름부터 예사롭지 않다. 지(爺)는 일본어로 할아버지라는 뜻이니까 지팝은 '할아버지팝' 이라는 말이다. 데뷔곡 제목도 눈에 들어온다. '고령 만세' 다. 팝의 뮤직 비디오는 두 달 전쯤 동영상 공유 사이트인 유튜브에 게재된 이후, 3주 동안 재생 횟수가 36만 건을 넘겨서 화제가 됐다. 흰색 정장과 중절모자, 선글라스 등으로 한껏 멋을 낸 지팝의 뮤직비디오를 보면 정말 멋지고 유쾌해 보인다. 그래서인지 국적을 떠나 남녀노소 할 것 없이 지팝의 데뷔에 아주 열띤 호응을 보내고 있다.

처음 시작이 지 지 -지- 지 -지 이렇게 나가는데 이분들 율동이 아주 멋지다. 힘차고 세련됐다. 아이돌의 공연을 무색케 한다. 지팝의 멤버들은 모두 고치현 사람들. 고치현은 시코쿠라는 이름의 일본 열도를 구성하는 4개의 주요 섬 중, 가장 작은 섬의 남부에 위치한 지역으로 이곳은 일본의 고령화율이 전국 2위다. 바로 이곳의 시니어들이다. 멤버들을 보면 막내인 야마모토 이와오가 59세이고, 맏형인 야마다 히데타다는 올해 80세, 그리고 노리아키, 요시노리, 아키라가 각각 67세, 66세, 65세다. 이들은 본래 가수 출신들이 아니다. 어부, 어업협동조합 이사 같은 직업을 갖고 여전히 생업에 종사한다. 젊은이들이 일자리를 찾아 도쿄 등으로 떠나면서 고치현은 고령화가 빠르게 진행됐다. 그래서 지역사회 홍보를 통해 활성화하고 고령화를 멋지게 극복하자는 취지로 '밴드 프로젝트' 를 추진했고, 바로 이들이 동참을 한 것이다. 지팝은 실제로 노래에서 지역의 고령화 실태를 유머러스하게 가사에 담아냈고, 중독성 있는 멜로디가 인상적이다.

"지 지지지지 지 지지지지 지 지팝"

이런 랩으로 노래를 시작하는데 가사도 색다르다. "고치현은 이렇게 돼 버렸다. 세 명 중 한 명이 65세 이상", "그래도 활력이 넘친다.", "밤샘을 해도 다섯시 반이면 눈이 떠진다. 그래도 건강하다. 고령 만세, 고령 만세!" 뮤직비디오 영상에는 고치현의 명소인 히로메 시장, 고치현 서부의 강 시만토가와 특산품인 유자 등의 홍보도 이어진다.

사실 초고령화 사회인 일본에서, 노인들로 구성된 그룹이 활동하는 것은 이번이 처음은 아니다. 오키나와현 야에야마 제도에 속한 고하마 섬에서도 평균 나이 84세 할머니들로 구성된 걸그룹 'KBG84'가 있다. 이들은 처음엔 오키나와 민요를 중심으로 활동했지만, 최근엔 댄스곡 등 콘셉트에 변화도 시도하고 있다. 고하마 섬의 아름다움을 노래하는 '컴온 앤 댄스, 고하마'라는 싱글 곡까지 발표했다. 그리고 다른 도시 원정 공연도 하는데 도쿄에서 관객 800명이 참석한 가운데 공연도 했다.

전문가들은 이런 모습을 보고, 고령화 사회에서는 노인이 새로운 소비자로 부상한다는 점을 꼽는다. 또 IT가 문화를 주도하는 시대인 만큼, 노년층이 청년층의 디지털콘텐츠를 쉽게 접할 수 있게 되면서 벌어지는, 지극히 당연한 현상이라고 말한다. 'KBG84'나 지팝도 역시 청년층과 소통할 수 있는 개념과 동영상이라는 유통 방식으로 인기를 끌고 있는 중이다. 노년들의 이미지와는 다른 긍정적 메시지가 젊은 세대들에게도 통했다는 분석이다

'나이는 숫자에 불과하다.'는 말이 이제는 현실이고 일상이 됐다. 그리고 21세기 들어 화두로 이어지는 테마가 바로 콘텐츠다. 인터넷이나

컴퓨터 통신 등을 통해 문화나 생활지식 등을 문자, 음성, 음향, 이미지, 영상 같은 디지털 방식으로 제작해서 처리하고 유통하는 내용물을 말한다. 무엇이든 좋다. 즐겁게 연출해서 공유해 보는 건 취미생활도 되고 세상과 소통하는 나만의 활력소가 될 수도 있다.

포지티브섬으로 가야 한다

언제부터인가 기업들이 '포지티브섬(positive-sum) 전략' 이란 용어를 심심찮게 사용하고 있다. 현대는 그 어느 때보다 경쟁시대임에 틀림없고 개인 못지않게 기업들은 그 무대가 전 세계가 되고 있다. 그럼에도 불구하고 기업들은 '나 혼자 살겠다.' 는 경영방식을 탈피하여 경쟁자와 함께 걷겠다는 입장을 공공연하게 밝히고 있다. 개인 또는 조직을 둘러싼 이해관계자들과의 협력을 통한 상생전략을 말하는 포지티브섬이 바로 이것이다. 시장의 가치를 증대시켜 나는 물론이고 상대도 이익을 볼 수 있길 바란다. 이와 반대되는 경제용어로 상대를 죽이고 내가 이겨 가치의 총합을 줄이는 제로섬(zero-sum) 전략이 있다. 하지만 이 전략은 우둔한 자의 한수 뒤진 경영전략쯤으로 인식되고 있다.

포지티브섬은 '상생' 을 의미한다. 함께 사는 길이야말로 가장 효과적인 협력의 길이다. 다시 말해 쌍방의 이익에 기초를 둔 상생은 자신의 이익을 위해 남을 해치는 인성의 단점을 해결하는 가장 좋은 방법임에 틀림없다. 우리가 상생이라는 마음가짐으로 경쟁자를 대한다면 이기적이고 편협한 생각에서 벗어나 삶의 기쁨을 맛볼 수 있을 것이다.

비싼 가죽 두루마기와 산해진미를 탐하는 사치스럽고 허영심 많은 부자가 있었다. 그는 자신의 부를 과시하고 싶어 은화로 천 냥이나 하는 가죽 두루마기를 만들어 입으려 했다. 긴 두루마기를 만들 만한 가죽을 구할 수 없게 되자 호랑이와 상의해 호랑이 가죽을 벗기려 했다. 그러나 부자의 말이 채 끝나기도 전에 호랑이는 뒤도 돌아보지 않고 깊은 산속으로 도망쳐버렸다. 한번은 그가 양고기 잔치를 벌이고 싶어 양과 상의해 양의 살을 자르려고 했다. 호랑이와 마찬가지로 양도 그 말을 듣자마자 바로 숲 속으로 들어가 꼭꼭 숨어버렸다. 결국 그는 양고기 잔치도 열 수 없었다.

호랑이의 가죽을 벗기고 양의 살을 잘라서 자신의 욕구를 충족시키려 한 부자의 욕망은 지나친 자기 욕심이자 제로섬 게임의 전형적인 예다. 가죽을 벗기고 살을 자르면 그들이 살 수 있었겠는가? 부자는 자신이 꿈꿔온 가죽 두루마기와 양고기 잔치를 위해 상대방을 전혀 고려하지 않았기 때문에 자신의 뜻을 이루지 못했던 것이다. 이 같은 처세술은 매우 이기적인 것이다.

자신의 욕망이나 허영심을 채우기 위해 상대방에게 엄청난 희생을 강요하는 이들이 있다. 이를테면 최근 몇 년 동안 우리 사회의 화두로 등장한 '갑질'이 바로 그것이다. 기업과 고객, 상사와 부하의 관계는 수직적인 구조에서 어느 한쪽으로 힘이 기울어져서는 안 된다. 수평적인 구조에서 서로의 단점을 보완하고 이해 속에서 협력이 이루어져야만 함께 즐겁고 잘 살 수 있는 상생의 길이 열린다.

세상 만물을 자신을 위한 도구로 보는 극단적인 이기주의는 반드시 실패하게 되어 있다. 자신의 이익을 위해 남에게 피해를 주는 일은 인성의 어두운 면이 표출된 것으로 모든 사회악의 근원이 된다. 생각해 보자.

지금 나는 나의 욕구와 욕망을 위해 누구에겐가 희생을 강요하고 있지는 않은가? 나는 나와 함께 공존 공생해야 할 파트너에게 행여 가슴 아픈 상처를 주고 있지는 않은지에 대해 생각해 보는 것은 반드시 필요한 자기 성찰이다.